国家出版基金项目
NATIONAL PUBLICATION FOUNDATION

中共广东省委党校（广东行政学院）组织编写
中共广东省委党校（广东行政学院）中国式现代化研究中心
周　峰　曾东辰　钮则圳　等　编著

先行南粤

中国式现代化的广东故事

『中国式现代化的故事』丛书

张占斌　总主编

中央党校出版集团
国家行政学院出版社
NATIONAL ACADEMY OF GOVERNANCE PRESS

图书在版编目（CIP）数据

先行南粤：中国式现代化的广东故事 / 周峰等编著.
北京：国家行政学院出版社，2024.11.--（"中国式现代化的故事"丛书 / 张占斌主编）.-- ISBN 978-7-5150-2952-8

Ⅰ.D676.5

中国国家版本馆CIP数据核字第2024JH0987号

书　　名	先行南粤——中国式现代化的广东故事 XIANXING NANYUE——ZHONGGUOSHI XIANDAIHUA DE GUANGDONG GUSHI
作　　者	周　峰　曾东辰　钮则圳　等　编著
统筹策划	胡　敏　刘韫劼　陈　科
责任编辑	陈　科　曹文娟
责任校对	许海利
责任印刷	吴　霞
出版发行	国家行政学院出版社 （北京市海淀区长春桥路6号　100089）
综 合 办	（010）68928887
发 行 部	（010）68928866
经　　销	新华书店
印　　刷	北京新视觉印刷有限公司
版　　次	2024年11月北京第1版
印　　次	2024年11月北京第1次印刷
开　　本	170毫米×240毫米　16开
印　　张	11.75
字　　数	167千字
定　　价	50.00元

本书如有印装问题，可联系调换。联系电话：（010）68929022

出版说明

党的二十大报告指出，从现在起，中国共产党的中心任务就是团结带领全国各族人民全面建成社会主义现代化强国、实现第二个百年奋斗目标，以中国式现代化全面推进中华民族伟大复兴。习近平总书记在中央党校建校90周年庆祝大会暨2023年春季学期开学典礼上的讲话中首次创造性提出"为党育才、为党献策"的党校初心。紧扣党的中心任务，践行党校初心，中央党校出版集团国家行政学院出版社和中央党校（国家行政学院）中国式现代化研究中心特别策划"中国式现代化的故事"丛书，邀请地方党校（行政学院）、宣传部门、新闻媒体、行业企业等方面共同参与策划和组织编写，从不同层次、不同维度、不同视角讲述中国式现代化的地方故事、企业故事、产业故事，生动展示各个地区、各个领域在大力拓展中国式现代化新征程上的理念创新、实践创新、制度创新、文化创新等，精彩呈现当代中国以中国式现代化全面推进中华民族伟大复兴的宏大历史叙事，以讲好中国式现代化的故事来讲好中国故事。

该丛书力求体现这样几个突出特点：

其一，文风活泼，以白描手法代入鲜活场景。本丛书区别于一般学术论著或理论读物严肃刻板的面孔，以生动鲜活的题材、清新温暖的笔触、富有现场感的表达和丰富精美的图片，将各地方、企业推进中国式现代化建设的理论思考、战略规划、重要举措、实践路径等向读者娓娓道来，使读者在沉浸式的阅读体验中获得共鸣、引发思考、受到启迪。

其二，视野开阔，以小切口反映大主题。丛书中既有历史人文风貌、经济地理特质的纵深概述，也有改革创新举措、转型升级案例的细节剖解，既讲天下事，又讲身边事，以点带面、以小见大，用故事提炼经验，以案例支撑理论，从而兼顾理论厚度、思想深度、实践力度和情感温度。

其三，层次丰富，以一域之光映衬全域风采。丛书有开风气之先的上海气度，也有立开放潮头的南粤之声；有沉稳构筑首都经济圈的京津冀足音，也有聚力谱写东北全面振兴的黑吉辽篇章；有在长江三角洲区域一体化发展中厚积薄发的安徽样板，也有在成渝地区双城经济圈中走深走实的川渝实践；有生态高颜值、发展高质量齐头并进的云南画卷，也有以"数"为笔、逐浪蓝海的贵州答卷；有"强富美高"的南京路径，也有"七个新天堂"的杭州示范……。丛书还将陆续推出各企业、各行业的现代化故事，带读者领略中国式现代化的深厚底蕴、辽阔风光和壮美前景。

"中国式现代化的故事"丛书既是各地方、企业推进中国式现代化建设充满生机活力的形象展示，也是以地方、企业发展缩影印证中国式现代化理论科学性的多维解码。希望本丛书的出版，能够为各地方、企业搭建学习交流平台，将一地一域的现代化建设融入全面建设社会主义现代化国家的大局，步伐一致奋力谱写中国式现代化的历史新篇章。

国家行政学院出版社

"中国式现代化的故事"丛书策划编辑组

总 序

党的二十大擘画了全面建成社会主义现代化强国、以中国式现代化全面推进中华民族伟大复兴的宏伟蓝图。中国式现代化是前无古人的开创性事业，是强国建设、民族复兴的康庄大道。回顾过去，中国共产党带领人民艰辛探索、铸就辉煌，用几十年时间走完西方发达国家几百年走过的工业化历程，创造了经济快速发展和社会长期稳定的两大奇迹，实践有力证明了中国式现代化走得通、行得稳；面向未来，在以习近平同志为核心的党中央坚强领导下，各地方各企业立足各自的资源禀赋、区位优势和产业基础、发展规划，精心谋划、奋勇争先，在推进中国式现代化过程中将展现出一系列生动场景，一步一个脚印地把美好蓝图变为现实形态。

中国式现代化，是中国共产党领导的社会主义现代化，既有各国现代化的共同特征，又有基于自己国情的中国特色。中国式现代化，是人口规模巨大的现代化，是全体人民共同富裕的现代化，是物质文明和精神文明相协调的现代化，是人与自然和谐共生的现代化，是走和平发展道路的现代化。这五个方面的中国特色，不仅深刻揭示了中国式现代化的科学内涵，也体现在不同地方、企业推进现代化建设可感可知可行的实际成果中。中国式现代化理论为地方、企业现代化的实践探索提供了不竭动力，地方、企业推进中国式现代化建设的成就也印证了中国式现代化道路行稳致远的时代必然。

为讲好中国式现代化的故事，更加全面、立体、直观地呈现中国式现代化的丰富内涵和万千气象，中央党校（国家行政学院）中国式现代化研究中心和中央党校出版集团国家行政学院出版社联合策划推出"中国式现代化的故事"丛书，展现各地方、企业等在着眼全国大局、立足地方实际、发挥自身优势，推进中国式现代化建设上的新突破新作为新担当，总结贯穿其中的完整准确全面贯彻新发展理念、构建新发展格局、推动高质量发展的新理念新方法新经验。我们希望该系列丛书一本一本地出下去，能够为各地更好推进中国式现代化建设以启迪和思考，为以中国式现代化全面推进中华民族伟大复兴凝聚更加巩固的思想基础，为进一步推进中国式现代化的新实践、书写中国式现代化的新篇章汇聚磅礴力量。

中央党校（国家行政学院）中国式现代化研究中心主任

2023 年 10 月

序　言

改革开放 46 年来，广东披荆斩棘、风雨兼程、埋头苦干，走过了一些国家和地区 200 多年才实现的现代化发展历程，创造了一个又一个现代化的广东奇迹。

广东，是中国改革开放的排头兵、先行地、试验区，在中国式现代化建设的大局中地位重要、作用突出。总结梳理广东现代化的故事，既能看到中国式现代化的生成逻辑，也能看到中国式现代化未来的成长基础。

46 年里，广东一直以"解放思想，敢为人先"冲在改革开放的前沿。在经济上，率先开放搞活，办特区，引进"三资"搞工商业，引入并合理转化境外、国外先进的技术和管理经验，探索率先基本建立社会主义市场经济体制；在政治上，最早探索基层民主政治、进行省内部制改革，积极培育与发展社会组织，探索政府管理与市场分离的经验；在文化上，充分发挥岭南文化务实敢干精神，充分发挥毗邻港澳、华侨华人众多的地缘人缘优势，积累发展文化产业和探索文化体制改革的经验，不断打造"幸福广东"的文化强省。

46 年来，广东实现了从积贫积弱到民富省强的历史性巨变。1978 年，广东的地区生产总值仅为 185 亿元，2023 年，广东实现 GDP 总量 13.57 万亿元，46 年间增长了 700 倍，广东经济总量连续 30 多年稳居全国第一。

先行南粤

46年来，广东能够一直独占中国经济发展的鳌头，其根本经验正是依靠党的坚定领导，高举中国特色社会主义伟大旗帜，不断深化改革，打破计划与市场、市场与政府、开放与封闭、传统与现代等的二元争论，坚持创新，在岭南文化精神的传承中，开辟出了一条既具有广东特色又反映全国发展意愿的现代化发展道路。

广东，为何能够获得这样的成果？原因在于，广东能够在现代化发展的大潮中深刻把握现代化发展的普遍逻辑，又能够彰显自身的特殊逻辑。

什么是现代化的普遍逻辑？是唯物史观所揭示的生产力决定生产关系、经济基础决定上层建筑，生产关系和上层建筑也会反作用于生产力、经济基础的相互作用原理。观察世界现代化取得成功的国家和地区，无一不遵循这两大基本原理。广东，也如此。在20世纪70年代末，率先进行改革开放，从生产力与生产关系的相互作用原理出发，打破僵局，进行经济体制改革，走出了一条有自身特色的、带动全国的现代化发展道路。同时，广东也充分利用自身的地缘优势，紧紧抓住自身发展的特殊逻辑，充分利用制度优势、文化优势，深化改革开放，比国内其他地区更早建立起与现代化地区经济社会的广泛联系。在对现代化发展的普遍逻辑与特殊逻辑的运用中，广东走在前列。

进入21世纪，面对全面深化改革的现实需要，广东积极响应和贯彻新发展理念，率先展开腾笼换鸟、转型升级、强化治理体系的整体变革；在新冠疫情的全面防控中，广东更是率先推动国内市场转型，率先在全国复工复产，形成国内循环带动国际循环的双循环新格局。广东克服了新常态转型中的经济社会阵痛期，正走向健康稳定发展，为中国式现代化道路贡献自己更大的力量。

广东作为"中国特色社会主义的排头兵、深化改革开放的先行地、探索科学发展的试验区"，一直在实践中走在全国前列；在理论上，更是邓小平理论、"三个代表"重要思想、科学发展观和习近平新时代中国特色社会主义思想的重要诞生地、阐发地。

2023年4月10日至13日，习近平总书记到广东视察并发表重要讲话，指出要锚定强国建设、民族复兴目标，围绕高质量发展这个首要任务和构建新发展格局这个战略任务，在全面深化改革、扩大高水平对外开放、提升科技自立自强能力、建设现代化产业体系、促进城乡区域协调发展等方面继续走在全国前列，在推进中国式现代化建设中走在前列。

2023年6月20日，中国共产党广东省第十三届委员会第三次全体会议在广州召开。在会议上，广东省委制定了"锚定一个目标，激活三大动力，奋力实现十大新突破"的"1310"具体部署，为我们奋进新征程、推进广东现代化建设指明前进方向、注入强大动力。"一个目标"即"广东在推进中国式现代化建设中走在前列"。"激活三大动力"即着力激活改革、开放、创新"三大动力"。"十大新突破"即"要纵深推进新阶段粤港澳大湾区建设，在牵引全面深化改革开放上取得新突破；要始终坚持实体经济为本、制造业当家，在建设更具国际竞争力的现代化产业体系上取得新突破；要一体推进教育强省、科技创新强省、人才强省建设，在实现高水平科技自立自强上取得新突破；要深入实施'百县千镇万村高质量发展工程'，在城乡区域协调发展上取得新突破；要全面推进海洋强省建设，在打造海上新广东上取得新突破；要深入推进绿美广东生态建设，在打造人与自然和谐共生的现代化广东样板上取得新突破；要扎实推进文化强省建设，在交出物质文明和精神文明两份好的答卷上取得新突破；要用心用情抓好民生社会事业，在推动共同富裕上取得新突破；要扎实推进法治广东平安广东建设，在构建新安全格局上取得新突破；要坚定不移加强党的全面领导和党的建设，在营造良好政治生态上取得新突破"。

2024年7月党的二十届三中全会召开,通过了《中共中央关于进一步全面深化改革 推进中国式现代化的决定》。9月13日,中国共产党广东省第十三届委员会第五次全体会议召开,研究部署了进一步全面深化改革,奋力推动广东在推进中国式现代化建设中走在前列的各项目标任务。

写作本书的目的,就是想通过梳理总结改革开放46年来的广东现代化发展历程,向大家展示广东在推进中国式现代化建设中取得的巨大成就。这既是观察广东现代化的窗口,也是观察中国现代化的窗口,更是观察和把握世界现代化的窗口。

目　录

第一章

担起"先走一步"的历史重任

一、调研先行，点燃解放思想之火 / 2

二、试办特区，拓荒现代化试验田 / 15

三、敢闯敢试，迈出改革开放坚实步伐 / 20

第二章

构建新发展格局广东在行动

一、以国内大循环为主体,坚持自身发展 / 32

二、内外联动与机制对接形成粤港澳大湾区的支点 / 40

三、笑迎八方来客,优化对外开放布局 / 47

第三章

从发展窗口向文明窗口跃升

一、思接千载,探索岭南文化传承创新 / 58

二、以文化带动城市更新,不断提升生活品质 / 70

三、树立文化新标杆,打造岭南文化传播名片 / 79

第四章

绿美样板促进人与自然和谐共生

一、打造"双碳"引擎,构筑绿色生活 / 86

二、建设青山绿水共为邻的城市 / 94

三、推进宜居宜业和美乡村建设 / 103

第五章
以人民为中心探索社会治理新模式

一、党建引领推动"粤治"走向"悦治" / 112

二、基层治理由"软"变"硬"打造"物业城市" / 120

三、新时代广东"枫桥经验"的创新实践 / 126

第六章

在推进中国式现代化建设中走在前列

一、"一点两地"的新使命 / 138

二、百县千镇万村高质量发展 / 144

三、打造海上新广东 / 152

四、激活三大动力 / 159

后　记

第一章

担起"先走一步"的历史重任

1978年,是中国改革开放史上不平凡的一年,在党中央的坚强领导下,中国走上"革故鼎新"之路。对地处中国南大门的广东而言,也是极不平凡的一年。广东被中央赋予特殊政策和灵活措施,在改革开放中"先走一步"。解放思想、统一思想之火熊熊燃起,深入的调查研究赋予了广东"杀出一条血路"的勇气和决心,创办经济特区成效显著。实践证明,通过率先进行改革开放、不断进行改革创新,广东改革开放现代化取得了累累硕果,体现了坚持"不走回头路"的决心和魄力,在中国式现代化建设中始终走在全国前列。当前,广东要继续用好改革开放关键一招,打造中国式现代化的广东名片,为新时代中国特色社会主义现代化建设注入充沛活力和强大动力。

一、调研先行，点燃解放思想之火

1976年底，广东在全省范围内展开揭批"四人帮"的斗争，并将其同整顿党的领导班子、整顿企业和整顿经济管理结合起来，同恢复国民经济、促进安定团结结合起来，从政治上、组织上为经济发展创造了较为有利的条件。1977年和1978年国民经济发展较快，在全省人民的共同奋斗下，经济工作调整相对顺利，国民经济得到初步恢复。

虽然这两年国民经济得到初步恢复并有一定的发展，但在指导思想上仍然存在急于求成的主观主义色彩。1977年2月7日，"两个凡是"社论引发对真理标准问题的讨论。次年5月11日，《光明日报》发表题为《实践是检验真理的唯一标准》的特约评论员文章，广东宣传媒体也积极推动和引导广东开展真理标准的讨论，广东也成为全国开展真理标准问题讨论比较早的省份之一。

为何广东要积极推动关于真理标准问题的讨论？从粉碎"四人帮"到党的十一届三中全会召开，全国各地都面临两大重要任务，一个是揭批"四人帮"、拨乱反正，另一个是恢复和发展经济。广东也不例外，首先要面对的就是"农业很落后"的问题[①]，此时主持广东工作的习仲勋同志要求联系广东实际，总结新中国成立以来的历史经验，着重讨论广东农业问题。由于对外完全封闭，没

---

① 王涛：《广东改革开放口述史》，中共党史出版社2019年版，第5页。

有什么交往，广东作为侨省，有遗留的华侨问题、偷渡外逃问题等，一大堆问题都亟须解决。

要解决这些问题，从哪里开始呢？在真理标准问题讨论的高潮中，中共中央在北京召开工作会议，邓小平同志发表了题为《解放思想，实事求是，团结一致向前看》的讲话，他充分肯定开展真理标准问题的讨论，指出这个争论很有必要，意义很大，"的确是个思想路线问题，是个政治问题，是个关系到党和国家的前途和命运的问题"[①]。习仲勋同志结合广东实际，抓纲治粤、拨乱反正，强调要解放思想，分清路线是非，解决干部中存在的思想僵化、半僵化问题。

（一）解决逃港问题稳定民心

1977年11月，邓小平同志在叶剑英同志的陪同下到广东视察，中共广东省委负责人在广州向其汇报工作，将边防部队较难控制的偷渡外逃事件作为恶性政治事件。邓小平同志强调要恢复过去行之有效的政策，发展经济，他平静地对大家说，这是我们的政策有问题，不是部队能管得了的，还补充道，"生产生活搞好了，还可以解决逃港问题。逃港，主要是生活不好，差距太大"[②]。

广东地处边防，与港澳山水相连。整个广东省从1954年到1980年，仅明确记载的"逃港"事件总人数就达到了56.5万人次。当时，"大逃港"映射出的是彼时的民心，是在两种制度的较量中，我们能否赢得人民群众的大问题。其中，省内发生的群众性偷渡外逃严重的有两次，第一次发生在1962年国内严重经济困难时期，第二次发生在"文化大革命"结束后不久。

曾经的深圳河，自牛尾岭的一股汩汩涓流，出深圳湾，入伶仃洋。一条深

[①] 《邓小平文选》第二卷，人民出版社1994年版，第143页。
[②] 中央文献研究室：《邓小平年谱（1975—1997）》上卷，中央文献出版社2004年版，第238页。

圳河把完整的宝安县切成了两半，河的北边是贫穷的农村，河的南边是高楼林立、灯红酒绿的百万人口世界级大都市。边防线、铁丝网、坠崖、溺水，也阻挡不住偷渡外逃的人们。这里，曾经流传着一首民谣："宝安只有三件宝，苍蝇、蚊子、沙井蚝。十屋九空逃香港，家里只剩老和小。"当时深圳有个罗芳村，河对岸的香港新界也有个罗芳村。不过，深圳农民人均年收入只有134元，而一河之隔的香港新界，农民人均年收入却高达13000元港币，相差悬殊，用宝安县老百姓最朴素的话说就是："是资本主义还是社会主义，我们用脚投了一票！"在粤港澳边防地区，流传着"辛辛苦苦干一年，不如人家八分钱""内地劳动一个月，不如香港干一天"的顺口溜。这引起了广东省委对当时中国社会状况的深刻认识和反思。

只有加快改革开放，迅速发展经济，提高人民生活水平，才能从根本上解决偷渡外逃问题。习仲勋同志到广东工作之后，认识到逃港问题的严重性，围绕这一问题，开展一系列调查研究。1978年7月，习仲勋同志来到广东后首次外出考察，就选择逃港最严重的宝安县。

通过大量走访，习仲勋同志亲身感受到当地民众对提高生活水平的热烈期盼，他意识到，光靠严防死守不可能有效地遏制逃港现象，必须另辟蹊径，从根子上变"堵"为"疏"，加大对外开放，发展经济，提高民众收入。

有宝安干部提出尽快恢复边境小额贸易、吸收外资搞来料加工时，习仲勋同志语出惊人："说办就办，不要等"，"只要能把生产搞上去的，就干，不要先去反他什么主义。他们是资本主义，但有些好的方法我们要学习"[①]。

当习仲勋同志顶着烈日来到"中英街"时，广东这边杂草丛生、萧条冷落，香港那边车水马龙、热闹非凡的情景，令他痛心不已，他思考：解放那么长时间，快30年了，那边很繁荣，广东这边却破破烂烂。为什么同一条马路的两边，

---

① 《习仲勋传》下卷，中央文献出版社2013年版，第402页。

会出现这么大的差别呢？通过调查他发现，宝安这边政策约束太多，什么也不能做。如，在香港的几千亩属宝安管的耕地的过境耕作问题；让香港人进设备开采砂石出口，收入两家分成问题；吸收外资搞加工业问题；恢复边境小额贸易问题；等等。很多问题都不让搞，卡得很死。了解到这些以后，习仲勋同志表态说，当前存在的问题，主要是林彪、"四人帮"破坏所留下来的，是思想上僵化所导致的。因此他鼓励大家想办法，对生产力有帮助的，就可以干。

通过调研，习仲勋同志还发现一个相当严峻的现象，庄稼地成熟了，却没有青壮年劳动力来收割。宝安差不多1/5的人口偷渡外逃，其中大部分是精壮青年，是干活的主力军。偷渡外逃，在当时被看作敌我矛盾，偷渡外逃的人则是被当作"偷渡外逃犯"来对待的。习仲勋同志到关押偷渡外逃犯的收容所，看到那里人很多，连站的地方都不够了，这些人出来了还是找机会偷渡。然而，当时处理偷渡外逃问题，就是靠"抓"。了解到以上种种情况，习仲勋同志提出一个重要意见。他指出，"这是人民内部矛盾。老百姓就是因为生活所迫，日子过不了了，而香港那边生活好，就往外跑。当然，组织煽动者要处理，但对广大人民群众要疏导，'堵'不是办法"[①]。

对偷渡外逃问题，习仲勋同志反对以"左"的方法来处理，把偷渡的人一刀切当作罪犯，是混淆两种不同性质的矛盾。只有深入调研才能真正地解放思想，清理"左"的流毒影响。根本上看，标本兼治就是要从源头上找问题，在现实的民众生活条件上分析问题，只有把经济搞活搞好，才能从根本上解决外逃问题。广东省委在深入调研的背景下，在思想上实现了"偷渡问题不是敌我矛盾而是人民内部矛盾这一观念的转变"。广东毗邻港澳、两地人民生活差距大的现实，使广东深刻地认识到，只有发展生产、改善人民生活，尽快缩小与港澳的差距，才能稳定人心，刹住偷渡外逃之风。

---

① 王涛：《广东改革开放口述史》，中共党史出版社2019年版，第21页。

1979年4月,广东省委负责人向中央领导同志提出兴办出口加工区、推进改革开放的建议。随着改革开放向前推进,没过多久,有些偷渡到港澳的人看见家乡经济发展了,又成批地回来了。1984年春,邓小平同志视察深圳、珠海两个经济特区后发表讲话:"听说深圳治安比过去好了,跑到香港去的人开始回来,原因之一是就业多,收入增加了,物质条件也好多了,可见精神文明说到底是从物质文明来的嘛!"[①]实践证明,广东提出并践行的反偷渡外逃,标本兼治,以治本为主的方针是正确和行之有效的。

(二)农村先行改革调动农民积极性

改革开放是一场深刻的社会革命,改革开放之初,邓小平同志就提出了中国式现代化的命题。他强调,"过去搞民主革命,要适合中国情况,走毛泽东同志开辟的农村包围城市的道路。现在搞建设,也要适合中国情况,走一条中国式的现代化道路……中国式的现代化,必须从中国的特点出发。……中央认为,我们要在中国实现四个现代化,必须在思想政治上坚持四项基本原则。这是实现四个现代化的根本前提"[②]。陈云也指出,我们搞四个现代化,建设社会主义强国,是在什么情况下进行的。讲实事求是,先要把"实事"搞清楚。这个问题不搞清楚,什么事情也搞不好。我们国家是一个九亿多人口的大国,百分之八十的人口是农民。革命胜利三十年了,人民要求改善生活。[③]我们是在这种情况下搞四个现代化的。可以说,中国的改革问题首先是从农村提出的。

广东的农村改革大体与全国同步,但由于中央对广东实行特殊政策、灵活措施,广大农村干部群众改革积极性比较高,加之推进真理标准问题的讨论,

---

[①]《邓小平文选》第三卷,人民出版社1993年版,第52页。
[②]《邓小平文选》第二卷,人民出版社1994年版,第163—164页。
[③]《陈云文选》第三卷,人民出版社1995年版,第250页。

省委领导思想也比较解放，进展速度比较快。1978年开始，广东各地就开始探索农业生产责任制，不断调动农民生产的积极性。

广东曾经有个"洲心经验"，是三年困难时期以清远市洲心公社为代表的"产量责任制"。实践证明，这种做法对提高农民生产积极性和恢复生产具有很大促进作用。但到了"文化大革命"期间，"洲心经验"却遭受批判，直到"文化大革命"结束，广东各地开始摸索农村体制改革，关注农村现代化建设的问题。广东在农村现代化探索上先行一步，是有迹可循、有经验可依的。陶铸在主政广东期间贯彻"农业六十条"，坚持开展实地调查，为广东农村较早实行家庭联产承包责任制打下了思想基础。

广东农村较早自发地尝试包产到户、包干到户，不少公社、生产队农民实现了增产增收、解决了温饱问题。但由于农村工作长期受历史惯性和时代局限性的影响，人们对包产到户依旧心存偏见，担心被扣上"复辟资本主义"的帽子。习仲勋同志来广东后，把关于农村体制改革的问题提上日程，人们逐渐把包干到户、包产到户的社会主义集体经济的责任制形式与"分田单干"、资本主义道路区别开来，大家的认识也经历了一个逐步提高的过程。

对农村经济体制改革，广东有着自己的特点。一是突破人民公社"一大二公"的体制，实行家庭联产承包责任制和统分结合、双层经营的体制。在坚持土地和其他大型生产资料公有制的基础上，实现了所有权和经营权的分离，使农民取得了生产和分配领域的自主权，为发展农村的商品经济创造了前提条件。二是突破农产品的统派购体制，出现了多成分、多层次、多渠道的流通网络。过去的流通渠道不仅单一，对农民形成垄断，而且只强调纵向调拨，不重视横向交流。例如，作为岭南水乡，水产品是广东人民最喜欢的食物之一。那时，珠三角一带鱼塘众多，南海、顺德一些地方的鱼都供应到广州市场，由于生产积极性不高，供应不足，有的鱼到了广州以后就死了。改革伊始，广州的塘鱼价格猛涨到六七块一斤。不久，价值规律调动了生产者的积极性，价格下来了，市场活跃了，老百姓的菜篮子也丰富了。三是突破了农业"以粮为纲"和农村"以农唯一"的格局，调整了农业的生产布局和农村的产业布局。为了较好地发挥地区优势，全省调减了粮食种植面积近千万亩，用于发展经济价值比较高的经济作物和塘鱼生产，同时在农业内部调整种植业和林、牧、副、渔的结构关系，二、三产业也迅速发展起来。

思想观念的变化推动农村经济体制改革和产业结构调整，农民也因此受益，收入也大幅增加，生活水平有了明显的提高。自1979年起，全省粮食连年增产，多种经营也大为增产。农民收入从1978年的193.25元增加到1984年的425.34元。大多数农民从生活贫困提高到基本温饱的水平。

总体来说，广东的现代化探索，源于改革、成于改革。改革开放初期，广东的各项大胆改革既无现成经验可供借鉴，也无固定模式可以效仿，只能深入实践调查研究，边实践边探索，先后推出并实施一系列措施。不少经济体制方面的改革取得了较好的成效，后来也在全国范围内推广应用。

（三）充分发挥毗邻港澳、华侨华人众多的优势

毗邻港澳、华侨华人众多是广东的省情特点。改革开放之初，广东省籍港澳同胞有400多万，粤籍海外华侨华人2000多万，约占全国海外华侨华人总人数的2/3。省内有10多万归侨、2000多万侨眷，主要集中在珠江三角洲、潮汕平原和梅州地区。改革开放以后，海外华侨华人率先进入中国经济特区和沿海侨乡投资兴业，拉开了我国对外开放、引进外资的序幕，是积极参与中国经济建设中不可或缺的重要力量。中国改革开放事业取得了伟大成就，广大华侨华人在社会主义现代化建设中作出了独特的贡献，功不可没。

邓小平同志是新时期侨务工作政策的开创者和奠基人。1979年1月，邓小平同志会见工商界知名人士，听取他们对搞好经济建设的意见建议，共商改革开

放的宏图伟业。邓小平同志指出："现在搞建设，门路要多一点，可以利用外国的资金和技术，华侨、华裔也可以回来办工厂。""总之，钱要用起来，人要用起来。"[①]此后不久，荣毅仁同志归国创办了中国国际信托投资公司，也就是今天中信集团的前身。可以说，华商是在改革开放后来中国投资最早、投资额最大的外商，为中国引进了建设所需的资金，还带来了与世界接轨的先进技术和管理经验，是改革开放的见证者、参与者和贡献者。当时，中国经济发展水平较低，1978年国内生产总值只有3679亿元，占世界经济的比重仅为1.8%；进出口贸易额355亿元，占世界贸易总额的比重仅为0.8%。[②]因此，中国的发展亟须引进资本、技术和管理方法，让中国经济赶上世界经济前进发展的步伐。然而，当时外商投资有限，海外华侨华人面对中国国内较差的投资环境和高风险，愿意来到中国投资拓荒，为中国现代化建设事业提供强有力的资金帮助和技术支持，积极参与并带动其他外商对华投资。华商在中国外商直接投资中占主导地位，投资额占比一度高达七成以上。充分利用海外华侨华人资本为我国现代化建设服务，是邓小平同志为我国对外开放打开的重要突破口，也为后来我国大规模利用外资和建设社会主义市场经济创造了条件。

广东为加快本省经济社会发展，十分重视发挥海外华人、华侨和港澳台同胞的各种优势。一是信息优势。华人华侨生活在各个领域和阶层，对当地的政治、法律、经济、文化和社会情况非常熟悉，与官方和民间打交道也很多。尤其是形成的一种和衷共济，谋求同乡、同宗、同业共同利益的华人社团组织和商会形成纵横交错的关系网络，不少能够融入当地的主流社会，并为经济生产和商贸活动提供较为客观和详细的信息。二是资本优势。海外华人华侨经过多年在外的艰苦奋斗，不少人已有雄厚的经济实力。邓小平同志在确定改革开放

---

① 《邓小平文选》第二卷，人民出版社1994年版，第156—157页。
② 王耀辉：《改革开放40年：华侨华人的作用及机遇》，《今日中国》2018年第12期。

重大决策时充分考虑华侨华人与港澳同胞发挥的作用,他说,"那一年确定四个经济特区,主要是从地理条件考虑的。深圳毗邻香港,珠海靠近澳门,汕头是因为东南亚国家潮州人多,厦门是因为闽南人在外国经商的很多"[1]。经济特区确立后,华侨华人踊跃来省投资,成为广东现代化建设的重要力量。"无侨不快","打侨牌"成为加快经济发展的一大法宝。三是营销渠道优势。海外华人长期从事工商活动,形成较为固定畅通的营销网络,除了带来资金、技术、管理经验,他们还帮助中国拓展国际销售网络,带动中国商品的出口。四是人才优势。一类是科技人才,华侨华人所在国教育水平比较高,他们也都非常重视子女的教育。例如,中国科学院 1955 年的首届 172 名学部委员中,有 158 名都是海外归国人才,获得"两弹一星功勋奖章"的 23 人中有 21 人有海外学习和工作经历。改革开放后,中国先后推出的"863 计划"和"973 计划"的首席科学家、课题组组长大多是留学归国人才。[2] 另一类是经营管理人才,他们熟悉市场经济的运作方式,通晓国际惯例,具有现代企业管理的思维和能力。五是地缘优势。粤港澳三地经贸联系源远流长,地缘相邻、人缘相亲,在优势互补的基础上建立"前店后厂"的合作关系,广东大规模承接港澳制造业转移。港澳同胞的投资,迅速推动广东从以农业为主、经济比较落后的省份一跃成为工业发达的经济大省。广东的国内生产总值从改革开放前,在内地各省份排名 20 多位跃居第一,至今连续保持 35 年。为内地打开了"南风窗","三来一补""筑巢引凤""外引内联""借船出海"等具有鲜明时代特色的词汇,都是在粤港澳唇齿相依、合作共赢的紧密关系互动中创造出来的。

开放的大门打开了,海外游子、港澳同胞纷纷返回家乡,探望自己阔别已久的亲人。与日俱增的游客人数,使国务院领导意识到我国当时宾馆数量、服

---

[1] 《邓小平文选》第三卷,人民出版社 1993 年版,第 366 页。
[2] 代帆:《华侨华人与中国发展》,暨南大学出版社 2022 年版,第 188 页。

务质量和管理水平与形势不符。因此务必要加快旅游宾馆的建设，做好服务接待工作。限于国家资金投入及知识与经验不足，决定引资建设并容许外国人经营管理，于是成立了由廖承志同志领导的利用外资建设旅游饭店的领导小组。当时计划在各大城市建8座五星级宾馆，广州占3座。不久，廖承志与香港工商界人士商谈，还与霍英东亲切会面，推心置腹地交谈，最终达成合作意向。全国其他5座城市建设方案基本落实，但作为改革开放前沿的广州却滞后了，原因是外省已动工的都是由外国人设计、实施及直接经营。广州意图寻求一条由中国人自行设计、自己施工采购、自己经营管理而非以设计及主办权换取投资的筹建之路。

后来，在广州市沙面的一片滩涂上，霍英东果断拍板：就把酒店建在这里。1978年4月10日，霍英东与广州市旅游局签署了正式合约，共同投资2亿港元，在广州沙面兴建34层高的白天鹅宾馆。作为中国第一家中外合作的五星级宾馆，白天鹅见证了广东改革开放的繁荣发展，至今仍然发挥着联通中外的作用，具有里程碑式意义。

在设计上，最引人入胜的有两个地方。一是它的总体外观，如天鹅临江而立，欲振翅而飞。宾馆设计者余畯南曾说道："广州白天鹅宾馆的环境设计构思是一个例子。宾馆建筑选点在具有欧洲古典建筑风格的沙面小岛上，南临羊城八景之一'鹅潭夜月'的白鹅潭。要把宾馆建筑与沙面的环境、白鹅潭的美景，结合成为一个整体，这是环境设计的构思。"[①] 二是大堂内的"故乡水"园林，其小巧玲珑，静动相宜，堪称中国古典庭园精粹之作。为何霍英东要把"故乡水"引进"白天鹅"？他回答说："我住在香港，一年到头都是喝东江水。我们要饮水思源。"这充分体现了华商思乡爱国的情怀。

白天鹅宾馆至今为人所津津乐道，不仅是因为宾馆硬件设施完备，更重要

---

① 瞿琮：《霍英东与白天鹅》，广东旅游出版社1997年版，第32页。

的是"白天鹅模式",一开业就打破了当时的惯例,对所有人开放,其服务意识、管理模式,令大家大开眼界,观念更新。当然,"白天鹅模式"也有其象征意义:它地处过去的租界,外国人曾一度禁止中国人入内。在这个有历史意义、中国人蒙受过耻辱的地方建酒店,而且又是中国人"三自"[①]建设的酒店,更应让每一个中国人都进来。霍英东曾自豪地说,白天鹅已经不仅仅是一座宾馆,更是一个响当当的民族品牌。

霍英东提出,从酒店全面开业那天,就将酒店开放给群众,任由他们参观、拍照。广州市民蜂拥而至,参观庆贺,群情汹涌。几周下来,情况渐渐缓解,但从来没有出乱子,并一直坚持了下去。霍英东说:"我们应该让任何人都能进宾馆,即使不是顾客、亲友,就是进来参观照相的,也应该让他们进来,让群众看看一些新的事物,体会一下中国人的智慧和新的创造,增强每个中国人对自己和国家前途的信心。"[②]霍英东期望通过白天鹅宾馆的实际操作,探索出一个对中国改革开放事业、对中国的现代化建设事业有借鉴意义的模式,更希望增强当时人们对改革开放的信心和决心。他还说:"从白天鹅宾馆的兴办过程,可以充分说明,我们国家实行对外开放、对内搞活的改革政策,是非常正确的。既然白天鹅宾馆可以突破,其他各行各业的改革也一定会出现更大的突破。我相信,在党中央领导下,建设有中国特色的社会主义,实行改革、开放和把经济搞活的政策是坚定不移的,我国社会主义现代化建设的前途是十分光明的。"[③]

广东的发展离不开华侨华人的鼎力支持,他们作出了突出的贡献。华侨华人、港澳同胞推动广东外向型经济高速发展。一批"领头羊"海外华商在营商环境相对落后、法制尚未健全的内地投资,起到极强的示范带动作用,加快推

[①] "三自"指自己设计、自己施工、自己管理。
[②] 冷夏:《霍英东传》下,广东经济出版社1997年版,第629页。
[③] 冷夏:《霍英东传》下,广东经济出版社1997年版,第631页。

第一章 担起"先走一步"的历史重任

广州白天鹅宾馆

动广东成为改革开放的试验区、排头兵。广东抓住毗邻港澳、华侨众多的优势,形成粤港澳联系紧密、活力强盛、增长持续的区域经济合作。广东的发展同样离不开他们对家乡建设的热情和支持,他们捐资促进广东教育科研、医疗卫生、交通运输、文化建设事业等,使各项社会事业全面发展成为排头兵省份,发生了翻天覆地的巨大变化。华侨华人、港澳同胞还让世界真正了解广东、了解中国,起到了桥梁的作用,作出了不可替代的努力。他们是中国改革开放,是中国式现代化故事在世界各地传播的义务宣传员,他们身上不可磨灭的中华民族的根性和熟悉国外生活的在地性,令他们讲的中国故事更可信、更有说服力。

二、试办特区，拓荒现代化试验田

1978年12月召开的党的十一届三中全会，作出了把党和国家的工作重点转移到社会主义现代化建设上来和实行改革开放的战略决策。我们开始正视现实，打开了国门。希望源于失望，闯劲源于忧患，这引发了我们如履薄冰、如临深渊的危机感，焕发了中国人民勤奋创业的使命感，以及强烈的抓住每一个稍纵即逝的机遇的责任感。从此，改革开放重新塑造了中国，再造了广东，广东对内改革、对外开放的步伐明显加快，乘风而起。

为何"潮涌珠江"？

历史上，广东就是中国古代海上丝绸之路的发源地之一，是中国对外开放的重要区域，工商业较为发达，商业意识比较浓厚，对外联系也很广泛。广东在改革开放前夕，由于与港澳对比强烈、互动相较内地也多，广东的干部群众已形成要改变落后面貌就要发展商品经济、实行对外开放的共识。这一共识也成为广东积极在改革开放中"先走一步"的社会思想基础。

改革何其难，彼时中国刚刚从禁锢的思想中解放，面对束缚整个社会生活的庞大系统结构，不改革是不行的，但不是翻天覆地的变化，而是需要改革的成功经验，从而带动更大范围、更大规模的变革。值此之际，在中国的南方，在毗邻港澳却远离我国政治和文化中心的边陲，在那地图上都很难找到的地方，开始了一场动人心魄、牵动全国乃至世界的伟大试验。这个试验，就是办特区。

先行南粤

20世纪70年代末，毗邻广东的香港已发展成国际大都市，内部也面临产业调整和升级的任务，这为广东的对外开放提供了十分有利的地缘优势和历史机遇。一方面，广东可以利用香港的资金、信息、市场、技术、管理人才和经营经验，借助香港的国际化功能打开对外贸易的国际市场；另一方面，随着国际产业的大调整和国际市场的激烈竞争，香港急需调整产业结构，把劳动密集型的产业转移出去，而广东广阔的腹地优势和大量的适龄劳动力人口条件，正好契合香港转移劳动密集型产业之机。

办特区就是要打开国门。上一次的国门是被西方列强靠着军事霸权硬生生地打开的，中国是在毫无准备也极不情愿的情况下被强迫纳入世界资本主义体系之中的。而这一次，我们是期待着走向世界、参与国际事务来提高中国人民的生活水平，主动打开的。翻开世界历史长卷不难发现，"特区"这类尝试早已是一些国家和地区发展经济的重要方式之一。早在17世纪中叶，意大利西北部著名城市热那亚就被开辟为自由港。此后，世界上的各种自由贸易区、自由港、出口加工区、自由边境区等，随着资本主义在全球扩张，世界性贸易的不断发展而大量产生。到20世纪80年代初，已有70多个国家和地区设有各种形式的"特区"，总数达四五百个之多。这些"特区"都以其优惠的土地、税收等条件吸引外资、引进先进技术，兴办各类事业，为区域开发建设和发展所在国家和地区的经济作出不可估量的贡献。在中国大地上办特区，需要敢为天下先的勇气和魄力！

1979年1月，一封关于香港厂商要求回广州开设工厂的来信摘报送到邓小平同志的办公室。他阅后当即批示：这种事我看广东可以放手干。这鼓舞了广东放开手脚大干特干。同月，广东省的领导和交通部联合向李先念副总理和国务院上报了《关于我驻香港招商局在广东宝安建立工业区的报告》，提出：初步选定在宝安县蛇口公社境内建立工业区的方案，这样既能利用国内较廉价的土地和劳动力，又便于利用国外的资金、先进技术和原材料，把两者现有的有利条件充分利用和结合起来。① 李先念批示同意该报告,并请谷牧召集有关同志讨论办理。它恰似一石激起千层浪,带来此后一连串重大举措。

　　1979年7月,中央同意广东、福建两省的报告,决定对两省的对外经济活动实行"特殊政策和灵活措施",给地方以更多的主动权,使之发挥优越条件,抓住当前有利的国际形势,先走一步,把经济尽快搞上去。② 这个爆炸性新闻,在全国引起轰动,标志着广东在全国改革开放的浪潮中先走一步的决策正式出台。中央对广东实行特殊政策和灵活措施的主要内容是:试办出口特区;外汇收入和财政实行定额包干;物资、商业试行新的经济体制,适当利用市场调节;在计划、物价、劳动工作、企业管理和对外经济活动等方面,扩大地方管理权限;等等。③ 同月20日,经酝酿和筹备,蛇口工业区开始正式运作,基础工程破土动工,响起蛇口开山第一炮。在当年林则徐、关天培率领中国军队向英国侵略者打响第一炮的蛇口炮台左炮台下,中国经济特区的发轫地——蛇口工业区诞生了。

　　创办工业区,一没有被纳入国家计划,二没有财政拨款,但争取了两项政策:一是500万美元以下工业项目自主审批权;二是被允许向外资银行贷款。靠着从港商和银行借贷到的资金,用来搞"三通一平"(通水、通电、通气、平整土地)建设工业基础设施和生活设施。再加上简化审批注册流程,投资者只要把设备运来安装好,便可招工投产。正因如此,企业和人才蜂拥而至,蛇口的企业在两年多的时间里,从无到有猛增100多家,"产业结构以工业为主、办企业的资金以外资为主、产品市场以外销为主"的"三个为主"的经营战略使蛇口工业区声誉大振,"蛇口模式"扬名全国。后来,港督麦理浩访问蛇口,看了那里的建设发展,十分惊叹,认为蛇口的速度香港赶不上。

---

　　① 《李先念传(1949—1992)》下,中央文献出版社2009年版,第1074页。
　　② 广东省档案馆:《广东改革开放三十年重要档案文献》上,中国档案出版社2008年版,第15页。
　　③ 中共广东省委党史研究室:《广东改革开放发展史(1978—2018)》,广东人民出版社2019年版,第40页。

先行南粤

蛇口人在社会主义现代化建设过程中，思想观念也发生了深刻变化。"时间就是金钱，效率就是生命""爱祖国、讲信誉、守合同、做主人、高效率"已日益深入人心，成为蛇口人行动的准则，形象地反映了工业区建设者分秒必争建设特区的紧迫感和拼搏精神。

蛇口的创业者们夜以继日地奋斗，让这个昔日茫茫一片的荒滩发生了翻天覆地的变化，一跃成为外商港商踊跃投资的社会主义特区雏形，它被誉为我国改革开放的"探路船"、经济特区的"发轫地"。蛇口的改革试验，在当时并未意识到已经触及经济体制的改革，只是从实际出发"摸着石头过河"的产物，然而，实际上它是突破计划经济体制堡垒重围的尖兵，其历史意义不能低估。

1979年4月，中央召开工作会议，专门讨论经济建设问题。邓小平等中央领导同志听取习仲勋等同志的汇报。习仲勋同志在汇报中提出：希望中央下放若干权力，让广东在对外经济活动中有必要的自主权；允许在毗邻港澳的深圳、珠海和重要的侨乡汕头市举办出口加工区；让广东能够充分利用自己的有利条件在四个现代化建设中"先走一步"。

对习仲勋等同志提出的在邻近港澳的深圳、珠海以及汕头兴办出口加工区的意见，谷牧同志也曾就这一情况和名称问题向邓小平同志汇报过，邓小平同志说，"还是叫特区好，陕甘宁开始就叫特区嘛"。当谈到解决基础建设资金问题时，他还说过，"中央没有钱，可以给些政策，你们自己去搞，杀出一条血路来"。[①] 这是邓小平第一次提出"特区"的概念，也是以后正式名称"经济特区"的由来和简称，更是我国对外开放的"突围"，杀出一条"血路"的突破口。邓小平同志说："我说名字叫经济特区，搞政治特区就不好了。"[②] 这一称谓的确定，明确地规定了经济特区的性质和任务。

---

① 《邓小平年谱（1975—1997）》上卷，中央文献出版社2004年版，第510页。
② 《邓小平文选》第三卷，人民出版社1993年版，第239页。

1979年8月，国务院委托广东省有关方面起草关于举办特区的法规性文件。12月27日，广东省五届人大二次会议原则通过了《广东省经济特区条例（草案）》。原本，《广东省经济特区条例》作为一个地方性法规，广东省人大获得通过，就算是已经立法了。但是，社会主义国家实行对外开放，举办经济特区是一件史无前例的事情，特别是"文化大革命"十年浩劫刚刚结束不久，与外商打交道，实行一套对外商投资减税让利的政策，难免会遭到非议。广东经过与国家外资委等部门研究，认为办特区是件大事，在立法程序上要尽可能完善。最终，在1980年8月，叶剑英委员长主持召开第五届全国人大常务委员会第十五次会议，批准国务院提出的在广东省深圳、珠海、汕头和福建省厦门设置经济特区，并通过了《广东省经济特区条例》。至此，中国经济特区正式诞生，并有了法律保障。该条例集中反映了经济特区在经济上对外开放的程度和发展经济的特殊办法，概括起来主要有三个方面：一是在维护中国主权和利益的前提下，鼓励外商投资，坚持平等互利的原则，保障投资者的合法权益；二是对投资者给予特殊的优惠；三是实行一套适应特区性质和要求的管理体制。[①]

《广东省经济特区条例》通过后，深圳这座边陲渔村欢天喜地，响起噼噼啪啪的爆竹声。喜庆的声响也飘向深圳河的对岸，引起香港人的一阵诧异。经济特区向全世界展现了中国人民改革开放的雄心壮志，广东"先走一步"推进我国进一步扩大对外开放，"摸着石头过河"用实践证明了办特区是拓荒的试验，是大胆的试验，更是成功的试验。40多年来，经济特区作为改革开放的"窗口"和"排头兵"，在对外开放、体制创新、产业升级方面发挥了重要的辐射和带动作用，为社会主义市场经济杀出了一条血路，为整个中国的发展杀出了一条血路。

---

① 李岚清：《突围——国门初开的岁月》，中央文献出版社2008年版，第109页。

三、敢闯敢试，
   迈出改革开放坚实步伐

广东在改革开放过程中体现了敢闯敢试的精神，取得了可喜可贺的成就。1982年广东率先进行价格体制改革，取消所有票证、放开物价，让市场在资源配置中起决定性作用。"看不见的手"开始在我国经济发展中占有一席之地。由于在改革开放中不断进步，使广东从"赶超时代"进入"引领时代"。

（一）不走回头路，走向春天

改革开放至今，广东在先行试验上取得一系列成就，但也在初期面临纷繁复杂的难题。邓小平同志坚定改革开放的决心和信心，提出要继续实行行之有效的改革措施，坚决不走回头路，为改革初期处于内忧外患的中国人民带来了极大的鼓舞。

1984年1月26日，作为中国改革开放和现代化建设总设计师的邓小平同志来到中山，并如期下榻中山温泉宾馆，这个宾馆是广东著名的涉外宾馆，也是改革开放后国内首家中外合资酒店。1978年初，邓小平提出要在全国大城市修建几个国际标准的旅游饭店，以此展示我国打破封闭僵化、走向改革开放的勇气和魄力。在中山期间的一天清晨，80岁高龄的邓小平脚蹬轻便皮鞋，轻松

第一章　担起"先走一步"的历史重任

邓小平1984年来深圳时对经济特区的评价标语（广东省深圳莲花山公园内）

从容地走过600多级石阶直登山顶。等到下山时，由于回去的路比较陡峭，且有尚未完工的砂石泥土路不大好走，陪同人员建议他从上山的路返回。邓小平同志坚定地说，往前走，不走回头路！一句"不走回头路"迅速传遍大江南北、长城内外，成为中国改革开放的最强音，鼓舞亿万人民持之以恒把改革开放进行到底。

1992年的春天，88岁高龄的邓小平同志再次来到广东，视察深圳、珠海和广州等地，这是他最后一次到广东视察。在参观中他指出："不坚持社会主义，不改革开放，不发展经济，不改善人民生活，只能是死路一条。基本路线要管一百年，动摇不得。只有坚持这条路线，人民才会相信你，拥护你。"[①]改革开放是决定中国命运的重大决策，建立经济特区是决定广东命运的重大创举。在以

---

① 《邓小平文选》第三卷，人民出版社1993年版，第370—371页。

邓小平为核心的党中央领导下，广东人民不会因为碰到挫折就放弃改革开放前进的步伐、动摇将改革进行到底的信念，更不会走回头路。在深圳渔村参观期间，邓小平同志为村民加油鼓气，并提出改革开放政策会变得越来越好，为深圳乃至广东人民改革开放提供定心丸。

邓小平南方谈话坚定了广东改革开放"不走回头路"的基本步伐。邓小平同志强调："如果我们走回头路，会回到哪里？只能回到落后、贫困的状态。"① 道路问题是决定国家和社会向前发展的关键性问题，道路选择是否正确，关乎国家前途、民族命运和人民幸福。改革开放之路是中国发展道路最鲜明的特征，目的就是要大大解放和发展生产力，实现国家社会主义现代化，使全国人民都能共同富裕起来。广东坚持不走回头路，面向世界开放，建立经济特区，使广东的现代化道路越走越宽。

（二）"不走回头路"薪火相传

邓小平同志"不走回头路"的思想通过一代代共产党人的努力在新时期不断发扬光大。我们党以成熟的态度和正确的措施处理事务，从而使我们不走错路、弯路、岔路，更不会走回头路。

江泽民同志说，没有发展，我们就不可能实现现代化，也就不可能保持党和国家的长治久安。他充分肯定广东改革开放以来的巨大变化和取得的成就，勉励广东要进一步抓好政治上的稳定，更坚决、更扎实地贯彻改革开放政策，进一步搞好经济特区，搞好沿海对外开放，把国民经济搞上去。他强调：坚持对外开放，必须始终坚持社会主义方向，坚持"两个文明"一起抓，要抓好党的建设和思想政治工作。1994年初，江泽民同志提出要抓住机遇、深化改革、

---

① 《邓小平文选》第三卷，人民出版社1993年版，第29页。

扩大开放、促进发展、保持稳定。这是经过反复推敲和琢磨后提出的观点，进一步深化了邓小平改革开放思想。有利于指导广东在当前和今后的工作全局中正确处理好改革、发展和稳定三者之间的关系。改革是动力，发展是目标，稳定是前提。没有改革就不可能走出一条建设中国特色社会主义的康庄大道，没有发展就不可能实现中国的现代化，也就没有广东现代化新面貌。而没有稳定，改革和发展则无从进行。广东在新时期继续推进改革开放过程中，坚持"三个代表"重要思想，不断推进广东的社会主义现代化。

江泽民同志担任中共中央总书记后，站在全局的高度，以更宏阔的视野对广东工作予以关心关注与指导。1990年至2003年，他先后10多次到广东视察，7次在全国两会期间参加广东代表团会议并作出指示批示。尤其在2000年2月，围绕新时期加强和改善党的领导，他在广东考察工作时首次提出了"三个代表"重要思想。江泽民同志对广东的极大支持和指导，是广东取得改革开放和社会主义现代化建设重大成就的重要原因之一。例如，关键时刻平息经济特区争论并指导广东化解金融风险。20世纪90年代中后期，随着全国多层次、多渠道、全方位对外开放新格局的形成，特别是原来在经济特区实行的一些特殊政策和灵活措施在国内不少地方逐步推行，取得显著成效，社会上出现了特区已经不"特"，特区还要不要"特"的议论。与此同时，对广东省而言，在国内改革开放全面铺开、国际竞争日趋激烈的总体态势下，广东之前的政策先发优势逐渐弱化。在此情况下，江泽民同志郑重提出：中央对发展经济特区的决心不变；中央对经济特区的政策不变；经济特区在全国改革开放和现代化建设中的历史地位和作用不变。1995年3月9日，江泽民同志出席八届全国人大三次会议广东代表团全体会议时，在重申"三不变"的基础上，又增加了中央关于改革开放和现代化建设的多项基本政策都要长期稳定不变，"三不变"进一步深化拓展成为"四不变"。1997年暴发亚洲金融危机，在党中央坚强领导下，广东省应对危机，克服困难始终坚持改革开放不动摇，广东经济社会发展继续破浪前行。

进入21世纪,以胡锦涛同志为总书记的党中央继续坚持党的十一届三中全会以来确立的改革开放路线不动摇,坚持解放思想、实事求是、与时俱进,积极适应时代的深刻变化,着力解决我国改革发展面临的突出问题,以非凡的政治勇气、理论勇气和实践勇气,提出了一整套继续推进改革开放的战略思想,全面回答了新的时代条件下改革开放全局性、方向性问题,把当代中国改革开放理论和实践推向了一个新阶段。

胡锦涛同志担任总书记后非常关心广东的发展,一如既往地坚持改革开放。2003年4月10日至15日,他先后考察了湛江、深圳、东莞、广州四市,充分肯定了广东改革开放和三个文明建设取得的可喜成就,强调我们要始终坚持党的基本路线不动摇,做到思想上坚信不疑,行动上坚定不移,决不走封闭僵化的老路,也决不走改旗易帜的邪路,而是坚定不移地走中国特色社会主义道路。胡锦涛同志指出,广东要抓住机遇,加快发展,在全面建设小康社会、加快推进社会主义现代化进程中更好地发挥排头兵作用。

在庆祝深圳特区成立30周年大会上,胡锦涛同志指出,30年来,深圳经济特区坚持锐意改革,敢闯敢试、敢为天下先,率先进行市场取向的经济体制改革,在我国实现从高度集中的计划经济体制到充满活力的社会主义市场经济体制的历史进程中发挥了重要作用;坚持发展第一要务,积极推进自主创新,提高经济发展质量和效益,改善人民生活,创造了"深圳速度",探索和积累了实现快速发展、走向富裕的成功经验;坚持对外开放,有效实行"引进来"和"走出去",积极利用国际国内两个市场、两种资源,为我国实现从封闭半封闭到全方位开放进行了开拓性探索;坚持服务国家发展大局,全国支持经济特区发展,经济特区回馈全国,促进东中西部协调发展,对全国发展起到重要辐射和带动作用;坚持"一国两制"方针,加强同香港、澳门、台湾地区的多领域交流合作,为推动香港、澳门回归祖国并保持繁荣稳定和促进祖国和平统一大业发挥了桥梁和纽带作用①。

（三）改革不停顿，开放不止步

党的十八大以来，以习近平同志为核心的党中央以巨大的政治勇气和强烈的责任担当，团结带领全党全国各族人民，坚定贯彻新发展理念，坚持统筹推进"五位一体"总体布局、协调推进"四个全面"战略布局，推动党和国家发生历史性变革、取得历史性成就，引领中国特色社会主义进入新时代。习近平总书记高度重视广东工作，四次亲临广东视察，党的十八大后第一次视察地方就到广东，亲自出席见证粤港澳大湾区合作协议签署和港珠澳大桥通车仪式，多次对广东工作发表重要讲话、作出重要指示批示，寄望广东"四个走在全国前列"、当好"两个重要窗口"。广东牢记习近平总书记嘱托，立定时代潮头，改革开放再出发，奋力开创新时代改革开放新局面。

2012年12月8日，习近平总书记到莲花山瞻仰邓小平铜像，亲手种下了一棵象征改革开放的高山榕树。这是党的十八大之后，习近平总书记首次离京考察。在深圳，他明确指出，这次调研之所以到广东来，就是要到在我国改革开放中得风气之先的地方，现场回顾我国改革开放的历史进程，将改革开放继续推向前进；同时强调，改革开放的决定是正确的，我们今后仍然要走这条正确的道路。这是富国之路、富民之路，要坚定不移地走下去，而且要有新开拓，要上新水平。②在听取广东省委、省政府的工作汇报后，习近平总书记指出，现在我国改革已经进入攻坚期和深水区，我们必须以更大的政治勇气和智慧，不失时机深化重要领域改革。深化改革开放，要坚定信心、凝聚共识、统筹谋划、

---

① 胡锦涛：《在深圳经济特区建立30周年庆祝大会上的讲话》，人民出版社2010年版，第3页。

② 本书编写组：《将改革进行到底》，人民出版社、学习出版社2017年版，第45页。

协同推进。改革开放是决定当代中国命运的关键一招，也是决定实现"两个100年"奋斗目标、实现中华民族伟大复兴的关键一招。实践发展永无止境，解放思想永无止境，改革开放也永无止境，停顿和倒退没有出路。我们要坚持改革开放正确方向，敢于啃硬骨头，敢于涉险滩，既勇于冲破思想观念的障碍，又勇于突破利益固化的藩篱。我们要尊重人民首创精神，在深入调查研究的基础上提出全面深化改革的顶层设计和总体规划，尊重实践、尊重创造，鼓励大胆探索、勇于开拓，聚合各项相关改革协调推进的正能量。① 既不走封闭僵化的老路，也不走改旗易帜的邪路，做到改革不停顿、开放不止步。

2018 年 10 月，习近平总书记第二次到广东考察，正值庆祝改革开放 40 周年之际。面对国际国内形势的广泛深刻变化，习近平总书记在广东发出了"继续全面深化改革、全面扩大开放，努力创造出令世界刮目相看的新的更大奇迹"的号召。在深圳参观"大潮起珠江——广东改革开放 40 周年展览"时，习近平总书记强调："要坚持以人民为中心，把为人民谋幸福作为检验改革成效的标准，让改革开放成果更好惠及广大人民群众。广东要弘扬敢闯敢试、敢为人先的改革精神，立足自身优势，创造更多经验，把改革开放的旗帜举得更高更稳。"② 习近平总书记在广州市永庆坊考察时指出，城市规划和建设要高度重视历史文化保护，不急功近利，不大拆大建。要突出地方特色，注重人居环境改善，更多采用微改造这种"绣花"功夫，注重文明传承、文化延续，让城市留下记忆，让人们记住乡愁。③

2020 年 10 月，时值经济特区建立 40 周年，习近平总书记第三次来到广东。

---

① 《增强改革的系统性整体性协同性　做到改革不停顿开放不止步》，《人民日报》2012 年 12 月 12 日。
② 《习近平在广东考察时强调：高举新时代改革开放旗帜　把改革开放不断推向深入》，《人民日报》2018 年 10 月 26 日。
③ 《高举新时代改革开放旗帜　把改革开放不断推向深入》，《人民日报》2018 年 10 月 26 日。

忆往昔、看今朝，习近平总书记对广东提出明确要求：努力在全面建设社会主义现代化国家新征程中走在全国前列、创造新的辉煌。习近平总书记到潮州三环（集团）股份有限公司调研时指出，"自主创新是我当前最重视的，也是党中央最重视的事情。企业要发展，产业要升级，经济要高质量发展，都要靠自主创新"①。

2023年是改革开放45周年，也是全面贯彻党的二十大精神的开局之年，习近平总书记第四次赴广东考察时强调，广东是改革开放的排头兵、先行地、试验区，在中国式现代化建设的大局中地位重要、作用突出。要锚定强国建设、民族复兴目标，围绕高质量发展这个首要任务和构建新发展格局这个战略任务，在全面深化改革、扩大高水平对外开放、提升科技自立自强能力、建设现代化产业体系、促进城乡区域协调发展等方面继续走在全国前列，在推进中国式现代化建设中走在前列。中国改革开放政策将长久不变，永远不会自己关上开放的大门。

习近平总书记指出，粤港澳大湾区在全国新发展格局中具有重要战略地位。粤港澳合作对广东意义重大：一是缓解广东建设资金不足的困难，改变了能源、交通、通信等基础设施落后的面貌；二是引进先进技术设备，促进全省的技术改造，一批新兴产业迅速崛起，大批产品升级换代，带动了出口产品结构的优化，扩大了出口；三是数万家"三资"企业和"三来一补"企业，不仅解决了广东数百万人，而且还解决了外省几千万外来人员的就业问题，加速了农村工业化和城乡一体化的进程，带动了全省外向型经济的发展。

习近平总书记强调，实现高水平科技自立自强，是中国式现代化建设的关键。

---

① 《续写"春天的故事"——习近平总书记出席深圳经济特区建立四十周年庆祝大会并在广东考察纪实》，《人民日报》2020年10月16日。

广东要下功夫解决区域发展不平衡问题，加快推进交通等基础设施的区域互联互通，带动和推进粤东、粤西、粤北地区更好承接珠三角地区的产业有序转移。积极推进以县城为重要载体的新型城镇化建设，加快构建现代乡村产业体系，发展新型农村集体经济，深入实施乡村建设行动，促进共同富裕。持续做好防止返贫动态监测和常态化帮扶，防止出现返贫。

党的十八大以来，习近平总书记四次视察广东，对广东改革开放高度肯定并寄予殷切希望，为新征程中更好推进中国式现代化的广东实践指明了前进方向和根本遵循。深入贯彻习近平总书记视察广东重要讲话精神，把握粤港澳大湾区建设的重大机遇，因地制宜发展新质生产力，用新质生产力赋能粤东西北地区高质量发展，将为广东在"一核一带一区"区域协调发展和"百千万工程"城乡区域协调发展中提供有力支撑。

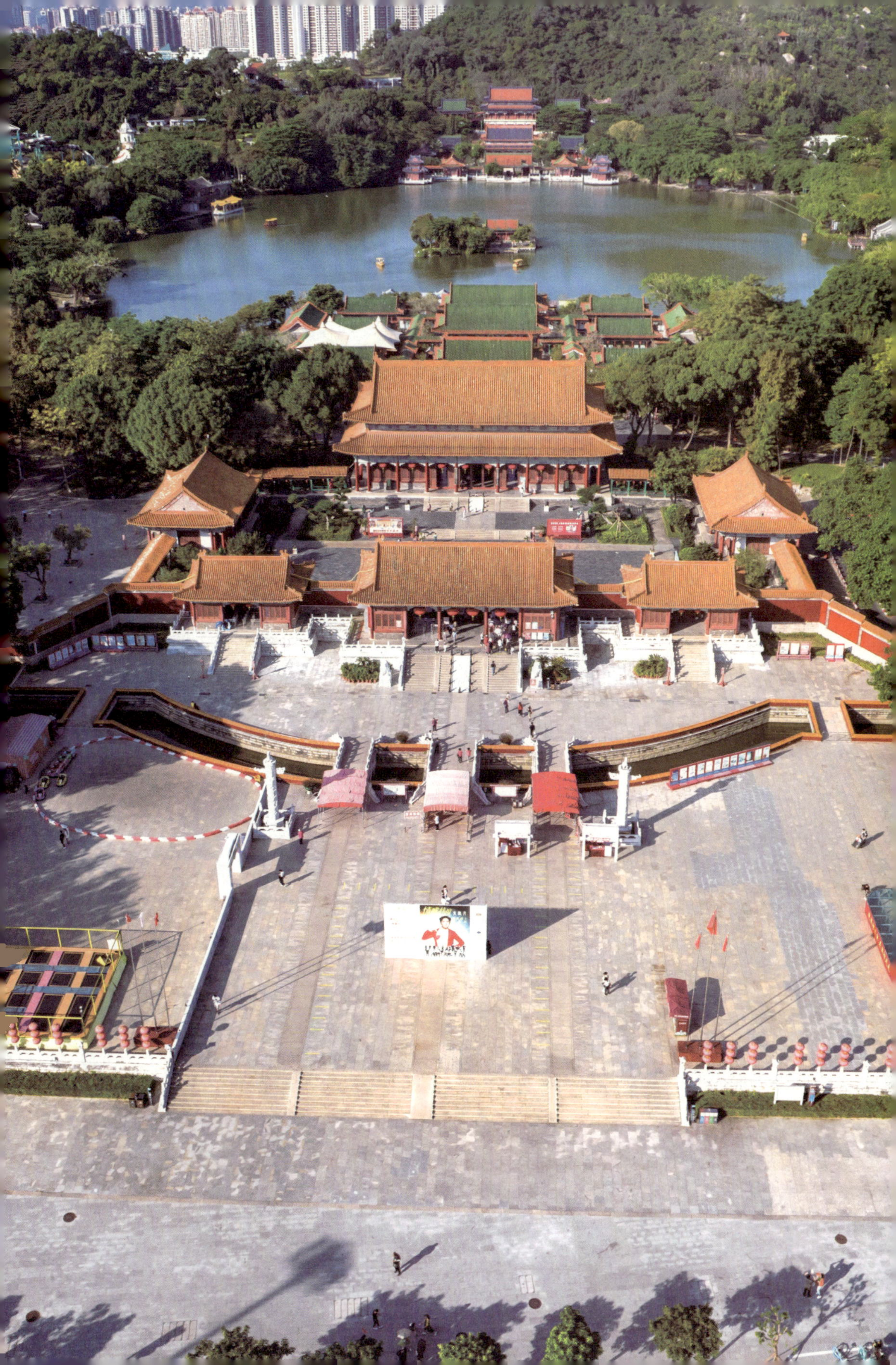

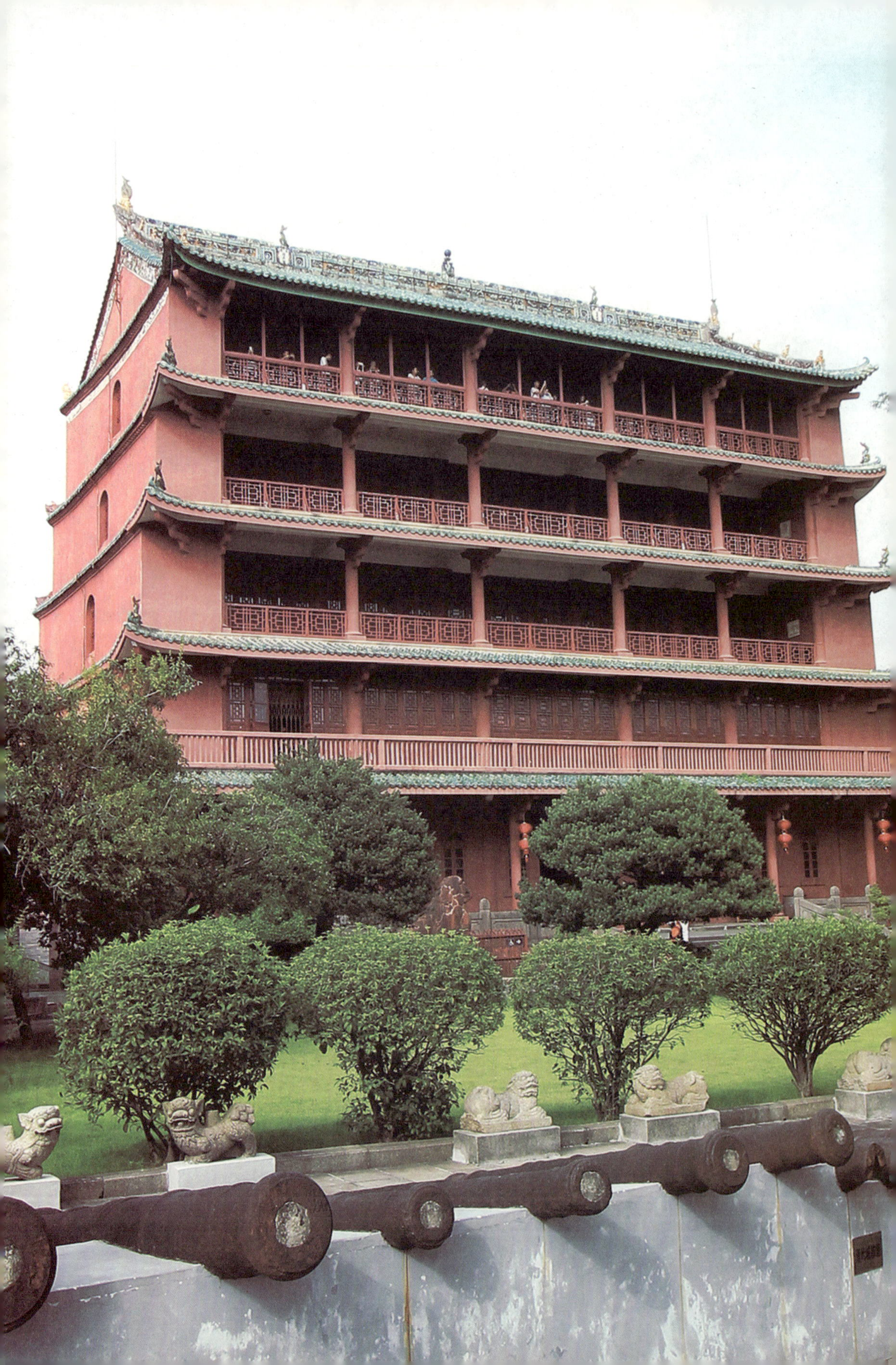

第二章

构建新发展格局 广东在行动

　　加快构建以国内大循环为主体、国内国际双循环相互促进的新发展格局，是"十四五"规划建议提出的一项关系我国发展全局的重要战略任务，需要从全局的高度准确把握和积极推进。广东作为改革开放的排头兵、先行地、试验区，永葆"闯"的精神、"创"的劲头、"干"的作风，承担起重大历史使命，着眼大局、立足实际，提出打造新发展格局战略支点的努力方向，以"组合拳"打出推动构建新发展格局的广东行动：以国内大循环为主体，坚持自身发展的同时，充分发挥粤港澳大湾区支点作用，加强内外联动与机制对接、进一步优化对外开放布局，提升对外开放合作水平，畅通国内大循环和联通国内国际双循环的功能不断增强，经济活力不断释放，高质量发展新的战略优势不断巩固完善，走出了一条高质量发展之路。

一、以国内大循环为主体，坚持自身发展

近年来，广东着眼大局、立足实际，承担起重大历史使命，提出打造新发展格局战略支点的努力方向，增强畅通国内大循环和联通国内国际双循环的功能，不断塑造高质量发展新的战略优势，在新的历史方位中深入贯彻新发展理念，加快构建新发展格局，坚定不移走高质量发展之路。

一是全力推进粤港澳大湾区、深圳先行示范区建设。统筹推进基础设施互联互通、国际科技创新中心建设、重点合作平台建设、规则衔接、民生领域融通等，全面抓好深圳综合改革试点，以同等力度支持广州实现老城市新活力和"四个出新出彩"，以加快粤港澳大湾区和中国特色社会主义先行示范区的"双区"建设、加强广深"双城"联动为抓手，牵引带动全省高水平改革开放。

二是持续深化改革攻坚。近年来，广东大力推进18项重大改革和13项创造型引领型改革，深化"放管服""数字政府"等重大改革，省级权责清单事项从5567项压减到1069项，企业开办时间平均仅需1个工作日。广东紧密围绕推动有效市场和有为政府更好结合，在要素市场化配置等领域谋划推出更多改革举措，加快构建高标准市场体系，打造市场化法治化国际化营商环境。

三是建设高水平开放型经济新体制。广东对标国际最好最优最先进，充分发挥广东自贸试验区、经济特区的示范带动作用，全面提升对外开放合作水平，

大力推动内外联动，探索构建新发展格局的有效路径。

2023年的一组数据，最能说明广东发展经济的活力与韧劲。

2023年，广东省三次产业比重为4.1∶40.1∶55.8，制造业增加值占地区生产总值比重达32.7%，现代服务业增加值占服务业比重达65%，金融业增加值突破1.2万亿元。规模以上工业企业超7.1万家、高新技术企业超7.5万家，均居全国首位。"深圳－香港－广州"科技集群连续4年被世界知识产权组织评为全球创新指数第二名，全省研发经费支出约4600亿元、占地区生产总值比重达3.39%，区域创新综合能力连续7年全国第一。

2023年，广东坚决扛起经济大省勇挑大梁的责任担当，全力以赴拼经济、抓项目、促发展，全省经济在攻坚克难中回升向好。地区生产总值达到13.57万亿元、增长4.8%，是全国首个突破13万亿元的省份，总量连续35年居全国首位，广州经济总量突破3万亿元；地方一般公共预算收入达1.39万亿元、增长4.3%；社会消费品零售总额达4.7万亿元、增长5.8%，深圳成为广东第二个万亿元消费城市；进出口顶住压力、逆势实现正增长。规模以上工业增加值突破4万亿元、增长4.4%，工业投资连续36个月保持两位数增长，佛山成为广东第二个规模以上工业总产值突破3万亿元的城市。全省经营主体突破1800万户，全年净增172.8万户，其中个体工商户突破1000万户，企业达780万户，占全国的1/7，呈现出韧性强、活力足的良好势头。

（一）以内循环夯实发展基底

我国虽然已多年稳居世界第二大经济体，经济总量与美国的差距逐年缩小，国内生产总值人均达到1万美元，进入世界中等发达国家行列，但是地区与地区之间差距比较大，发展不平衡、不充分问题仍然较为突出。改革开放40多年的实践反复证明，核心技术、创新技术钱买不来，市场交换不来。党中央及时提出我国经济发展进入新常态，就是对我国经济发展现状和未来发展趋势的总体概括。产业转型升级，在市场竞争中培育经济发展新动力，我国经济发展已进入高质量发展阶段。

推动经济高质量发展，是遵循经济规律发展的必然要求，是确保现代化建设不断满足人民对美好生活需要的根本支撑。习近平总书记指出，构建新发展格局"是把握发展主动权的先手棋，不是被迫之举和权宜之计"，从根本上说，"是适应我国发展新阶段要求、塑造国际合作和竞争新优势的必然选择"。[1] 建设现代化经济强国，创造物质文明新形态，就要加快构建新发展格局，坚持以推动高质量发展为主题，贯彻落实高质量发展"四个必须"的明确要求，为强国建设、民族复兴奠定坚实的物质技术基础。

综合考量，大国经济的优势，首要在于内部可循环。"大国经济具有内需为主导的显著特征。内需市场一头连着经济发展，一头连着社会民生，是经济发展的主要依托。"[2]国内大循环是新发展格局的主体，对形成内生发展动能、掌握发展主动权意义重大。因此，加快构建新发展格局，必须立足国内，坚持国内大循环为主体，发挥我国的制度优势，重视以企业为主体，加大政府和社会对科研经费的投入，走自主创新发展之路。

广东始终坚持以国内大循环为主体，夯实自身发展基底。2023年，广东千方百计扩内需、挖潜力。回首全年，广东充分发挥投资关键作用，狠抓项目前期工作，创新实施并联审批、联合验收等工作机制，争取地方政府专项债券4633亿元，居全国第一，争取增发国债资金254.7亿元，向民间资本推介146个优质项目，全省固定资产投资增长2.5%。加快重大基础设施项目建设，深南高铁、梅武高铁开工建设，贵广高铁完成提质改造，从埔高速、惠龙高速、惠

---

[1] 《习近平著作选读》第二卷，人民出版社2023年版，第368—370页。
[2] 《中共中央国务院印发〈扩大内需战略规划纲要（2022—2035）〉》，《人民日报》2022年12月15日。

州机场飞行区扩建等项目顺利建成，广州白云站建成启用，标志着广东再添一个世界级综合交通枢纽。时速350公里的广汕汕高铁（广州—汕尾—汕头）开通运营，广州到汕头缩短至1.5小时左右，粤东地区加速融入大湾区"1小时交通圈"。水利投资在全国率先突破1000亿元，环北部湾广东水资源配置工程进入全面施工阶段，总投资354亿元的珠三角水资源配置工程即将通水。出台"促消费7条"、扩大汽车消费、促进家电消费等政策，省市联动举办重大促消费活动超340场，发放消费券5.7亿元、拉动消费83.9亿元，带动文旅、餐饮、住宿、夜间消费加快恢复，网上零售额增长9.4%，规模位居全国第一。

（二）推动产业科技互促双强

以国内大循环为主体，坚持自身发展，需要推动产业和科技互促双强。广东作为我国经济总量第一大省，近年来，始终以"实体经济为本"，突出"制造业当家"，提升科技创新本领，推动传统产业转型升级，提升新兴产业发展能级，现代化产业体系建设取得重要进展。

一是制定高质量建设制造强省的意见，推动出台制造业高质量发展促进条例，大力实施"五大提升行动"，扎实推进新型工业化。实施"大产业"立柱架梁行动，提质壮大8个万亿元级产业集群，加快把新能源、超高清视频显示、生物医药、高端装备制造等打造成新的万亿元级、5000亿元级产业集群。其中，广汽埃安智能生态工厂入选全球唯一新能源汽车"灯塔工厂"，深汕比亚迪汽车工业园、小鹏汽车广州工厂等全面投产，肇庆小鹏智能智造研究院建成运营，全省新能源汽车年产量达253万辆，全国每4辆新能源汽车中就有1辆是"广东造"。

二是出台推动新型储能产业发展系列政策，组建全国唯一的国家地方共建新型储能创新中心。目前，广东全省新型储能在建项目100个、总投资2290亿

先行南粤

元,肇庆宁德时代二阶段工程等项目动工建设,佛山宝塘新型储能电站建成投运,这是我国一次性建成最大的电网侧独立储能电站,新型储能电站装机规模突破160万千瓦,广东成为全国储能电池产业配套最全的地区。

三是深入实施一系列重大工程。例如"广东强芯"工程、汽车芯片应用牵引工程,两条12英寸芯片制造产线、高端光掩模产线等建成投产,全力打造中国集成电路第三极。实施"大平台"提级赋能行动,高标准打造一批"万亩千亿"园区载体,加快7个大型产业集聚区建设,省产业园新增2个、基本实现粤东粤西粤北县域全覆盖,划定工业用地控制线601万亩,实施村镇工业集聚区升级改造近7000亩,为产业发展和转型升级腾出新空间。新增10个国家级

广州的空中景观

工业设计中心，佛山入选国家服务型制造示范城市。

四是实施"大项目"扩容增量行动。抓好投资50亿元以上的制造业重大项目建设，对投资5000万元以上的先进制造业项目用地指标应保尽保，2023年全年，全省共批准建设用地40.4万亩，同比增长38%。投资约700亿元的揭阳中石油炼化一体化项目全面投产，成为国内一次性建设规模最大、可生产全品类石化产品的炼化一体化项目。投资超500亿元的惠州中海壳牌三期、投资约300亿元的茂名石化升级改造项目开工建设，湛江巴斯夫、惠州埃克森美孚项目年投资额均超100亿元。

五是实施"大企业"培优增效行动。累计培育国家级制造业单项冠军132家、

专精特新"小巨人"企业 1528 家，19 家企业进入世界 500 强，A 股上市公司总量、新增境内外上市公司数量均居全国第一。实施"大环境"生态优化行动，出台推动民营经济高质量发展、培育扶持个体工商户、发展融资租赁、降低制造业成本等惠企政策，新增减税降费及退税缓费超 2000 亿元，制造业贷款规模突破 3 万亿元，同比增长 24.4%。推动"个转企"1.9 万家、创 5 年新高，推动"小升规"超 7000 家。省财政新增 10 亿元支持中小企业数字化转型，推动超 5000 家规模以上工业企业数字化转型，深圳、东莞入选国家中小企业数字化转型试点城市。广东还出台了"技改十条"，推动超 9300 家工业企业开展技术改造，技改投资增速创 6 年新高。目前，广东正以更高更强的姿态挺起现代化建设的产业"脊梁"。

在广州开发区科技企业加速器园区，一块镌刻着"中小企业能办大事"字样的巨石横卧，见证着这里中小企业的发展故事。

2018 年 10 月 24 日，习近平总书记在广州视察，提出"中小企业能办大事"的殷切期待。

殷殷嘱托，催人奋进。

5 年多来，黄埔区、广州开发区将嘱托转化为扎实可见的行动力，围绕高质量发展首要任务，提升科技自立自强能力，加快建设现代化产业体系，加大营商环境改革力度，先行先试创建全国首个"中小企业能办大事"创新示范区，"中小企业能办大事"取得实效：以"创新型中小企业－专精特新中小企业－专精特新'小巨人'企业－制造业单项冠军企业"梯度培育为主线，分级构建优质企业动态培育库，在全国首推区县级专精特新专项政策，真金白银扶持本土专精特新中小企业创新发展，推动中小企业"量""质"提升、活力迸发。全区研发投入经费从 2018 年的 118 亿元增长到 2022 年的 286 亿元，研发投入强度从 3% 提升到 6%。创建全国首个"中小企业能办大事"创新示范区，累计培育制造业单项冠军 5 家，制造业单项冠军企业（产品）18 家，国家级专精特新"小巨人"

企业 61 家，省级专精特新企业 1093 家，创新型中小企业 1472 家。

此外，黄埔区、广州开发区还制定出台多项政策法规，为中小企业的高质量发展搭台开路、保驾护航——先后在全国首推"专精特新 10 条""民营及中小企业 18 条"等系列政策，着力破解中小企业面临的困境；聚焦稳岗留工、稳定畅通供应链产业链等方面，陆续出台 7 个暖企稳企政策，"金镶玉"系列政策扩展至 51 个，不断优化中小企业创新创业创造的成长土壤。

如今的广州开发区，正在着力激活"改革、开放、创新"三大动力，推动更多中小企业勇挑产业大梁，加速迈向"万亿制造"强区，朝着更加美好的未来奋勇前行。

二、内外联动与机制对接形成粤港澳大湾区的支点

新时代以来，广东在更大范围、更宽领域、更深层次实施对外开放，稳步扩大规则、规制、管理、标准等制度型开放。特别是以粤港澳大湾区建设为契机，不断走出一条国际大循环之路。

（一）锚定粤港澳大湾区"一点两地"战略新定位

2023年4月，习近平总书记亲临广东视察，并且高屋建瓴地指出，要使粤港澳大湾区成为"新发展格局的战略支点、高质量发展的示范地、中国式现代化的引领地"[1]，为广东在新阶段奋进新征程、推进现代化建设指明了前进方向，注入了澎湃动力。

粤港澳大湾区建设，是习近平总书记亲自谋划、亲自部署、亲自推动的重大国家战略，是新时代推动形成我国全面开放新格局的新举措，是推动"一国两制"事业发展的新实践，对广东深化改革、扩大开放具有重要的里程碑意义。

---

[1]《习近平在广东考察时强调 坚定不移全面深化改革扩大高水平对外开放 在推进中国式现代化建设中走在前列》，《人民日报》2023年4月14日。

第二章　构建新发展格局广东在行动

广州琶洲大桥珠江风光

推进粤港澳大湾区建设，有利于广东深化与港澳互利合作，促进港澳保持长期繁荣稳定、更好融入国家发展大局，充分彰显"一国两制"强大生命力；有利于广东贯彻落实新发展理念，深入推进供给侧结构性改革，推动经济发展质量变革、效率变革、动力变革，打造高质量发展的典范；有利于推动广东改革开放在新时代、新起点上再出发，全面对接国际高标准市场规则体系，加快构建开放型经济新体制，高水平参与国际经济合作和竞争；有利于广东深度参与"一带一路"建设，携手港澳构建陆海内外联动、东西双向互济的全面开放新格局，构筑"一带一路"对接融汇的重要支撑区。

国内国际循环相互促进，重点是加强国内外市场的互动合作，粤港澳大湾区的内外联动就是最具体、最鲜活的范例。粤港澳大湾区是我国开放程度最高、经济活力最强的地区之一，要成为新发展格局的战略支点，这就需要发挥大湾区整体效能，更好找准自身在国内大循环和国内国际双循环中的位置和比较优势，在畅通国内大循环、促进国内国际双循环中展现更大担当，在增强内循环内生动力和可靠性、提升外循环质量和水平、内外循环相互促进等三个方面取得新的突破、作出更大贡献。

（二）加强湾区联通，发挥支点作用

近年来，广东致力于纵深推进新阶段粤港澳大湾区建设，有力牵引全省全面深化改革开放。尤其在国务院出台《河套深港科技创新合作区深圳园区发展规划》，批复横琴粤澳深度合作区总体发展规划、前海深港现代服务业合作区总体发展规划之后，大湾区建设迎来了新的重大机遇。一方面，广东扎实推进基础设施"硬联通"，广州站至广州南站联络线、南珠（中）城际、广河高铁机场段开工建设，深中通道全线贯通、通车后深圳与中山之间只需半小时车程，琶洲港澳客运码头投入运营、开辟跨境水上新通道，港珠澳大桥车流量创历史新高、开通旅游试运营。另一方面，广东全面加强规则机制"软联通"，启动"数字湾区"建设，发布110项"湾区标准"，108项高频政务服务事项实现粤港跨境通办，"港车北上""澳车北上""经珠港飞"、人才签注、利率"互换通"等落地实施，港澳律师大湾区内地执业试点期限获批延长3年，三地居民在大湾区工作生活更加便利。

此外，大力推进深圳先行示范区建设，综合改革试点22条创新举措和典型经验获全国推广。扎实推进重大合作平台建设，推动出台《横琴粤澳深度合作区发展促进条例》《南沙深化面向世界的粤港澳全面合作条例》，实施"横琴金融30条""前海金融30条"，将266项省级行政职权调整由几大平台实施。横琴放宽市场准入特别措施、鼓励类产业目录等顺利落地，产业项目加快导入，中医药省实验室正式揭牌，"分线管理"配套财税政策和海关监管办法出台实施，"二线"通道建成并通过验收，允许符合条件的澳门居民携带动植物产品进入合作区。前海累计引进全球头部服务商152家，港澳专业人士备案执业范围增至

22类，全国首家"双牌照"境外银行正式落地。广州南沙开发建设也加力提速。国家发展改革委、商务部、国家市场监管总局制定《关于支持广州南沙放宽市场准入与加强监管体制改革的意见》，国际通用码头工程开工，中国企业"走出去"综合服务基地正式挂牌，累计落户港澳企业近3000家、投资总额超千亿美元。河套香港科学园深圳分园顺利开园，首批16家香港科创机构、企业及服务平台入驻。抓住改革开放45周年契机，深入推进创造型引领型改革，实施部分财政资金"补改投"改革试点，地方国企改革、省级政府质量工作获评国家A级，大湾区国际一流营商环境建设三年行动全面启动，广东连续4年获评全国营商环境最佳口碑省份。《东莞深化两岸创新发展合作总体方案》获国务院批复。广东自贸试验区高水平对外开放门户枢纽作用凸显，成为我国对接国际高标准推进制度型开放的试点区域。积极参与共建"一带一路"，中欧班列开行数量增长31.2%。国际友城和外国驻穗总领馆分别增至208对和68家，广东对外交往"朋友圈"越来越大，国际影响力和竞争力不断提升。

（三）多措并举加强粤港澳大湾区规则衔接机制对接

1. "港车北上""澳车北上"政策顺利落地实施

"澳车北上""港车北上"政策分别于2023年1月1日、2023年7月1日落地实施，符合条件的港（澳）私家车可经港珠澳大桥口岸往来港（澳）与内地，实现"四个首创"。一是核发电子牌证。主动争取公安部大力支持，突破境外车辆临时入境有关"界限"，创新提出电子车牌概念。二是推出"免担保"政策。主动协调海关部门争取最大化政策优惠，以省政府名义向国务院申请并获批准实行"免担保政策"。三是实行保险"等效先认"。争取金融监管总局等国家部委支持，实施港澳车辆跨境车险"等效先认"政策，创新实现承保在

车辆经港珠澳大桥可北上

港澳、理赔在广东。四是创新申办模式。依托中国（广东）国际贸易"单一窗口"，联合港澳共建跨境车辆一体式信息系统，实现公安、海关、边检、口岸等部门数据共享，车主不出港澳即可一网申办。"港车北上""澳车北上"政策实施顺利，得到港澳居民热烈反响，截至2023年底，累计注册港澳用户11.1万多个，核发牌证6.4万多副，5.7万多辆港澳私家车出入广东、累计出入境132.9万多辆次。

2. "湾区认证"推动三地质量认证规则衔接

"湾区认证"是继"湾区标准"后，在国家市场监管总局和粤港澳有关部门指导下，三地认证机构等经营主体，基于粤港澳大湾区共通执行标准，以粤港澳大湾区认证联盟形式开展的高端品质自愿性认证。一是认证制度共建。粤港澳三地认证机构等经营主体共同建立粤港澳大湾区认证联盟，三地技术专家共同组成"湾区认证"专业技术委员会，广东粤港澳大湾区认证促进中心由三地代表共同担任理事，确保"湾区认证"由三地共同管理、共同推进。二是认证规则共通。"湾区认证"的认证规则和依据标准由三地技术专家共同制定，技术指标符合三地市场准入要求，能够实现"一次认证、三地通用"。三是认证工作共推。国家市场监管总局认证监管司、广东省市场监管局、香港创新科技署、澳门经济及科技发展局联合成立推进"湾区认证"工作常态化联络机制协调小组，强化"湾区认证"政策制度协调。目前，"湾区认证"已在工业消费品、农食产品和服务业等领域发布首批15个项目，上线"湾区认证"公共服务平台。粤港澳大湾区认证促进中心组织认证机构，已对草莓、草鱼、鲈鱼、彩虹鲷鱼、鲫鱼、牛蛙等6种农食产品实施"湾区认证"，促进高品质产品在大湾区流通。

3. 高水平建设"1+12+N"港澳青年创新创业基地

围绕建设粤港澳大湾区宜居宜业宜游优质生活圈，高水平建设"1+12+N"港澳青年创新创业孵化服务支撑体系，实现港澳青年来粤创业政策、服务和交流机制"软联通"。一是政策"全覆盖"。推动实现在粤创业港澳青年与本地青年同等享受各项创业支持政策，包括一次性创业资助、创业担保贷款、优秀创业项目资助等，单个项目扶持金额最高可达数十万元。二是服务"全链条"。集成粤港澳三地资源，建成以粤港澳大湾区（广东）创新创业基地为龙头的港澳青年创新创业基地84家，可提供集交流、培育、实训、孵化、展示、对接等功能于一体的一站式服务，创新实施"反向飞地""大湾区职场导师""港澳人士服务港澳人士"等服务模式。三是交流"全场景"。粤港澳三地合作，组织举办

先行南粤

"港澳青年就业创业湾区行"以及广东"众创杯"创业创新大赛港澳赛区等系列活动,为港澳青年提供政策解读、基地推介、实地参访、项目路演、创业交流等全场景交流平台。截至2023年底,港澳青年创新创业基地已覆盖9个大湾区内地城市,累计孵化港澳青年创业项目5000多个,为港澳青年提供各项补贴资助超过5000万元,组织相关交流活动超600场,港澳青年参与超2万人次,为港澳青年在大湾区内地发展提供高质量服务。[①]

[①] 以上案例引自广东省商务厅官网,https://com.gd.gov.cn/zggdzymysyq/ztzl/index.html。

三、笑迎八方来客，优化对外开放布局

构建新发展格局是开放的国内国际双循环，不是封闭的国内单循环。我国经济已经深度融入世界经济，同全球很多国家的产业关联和相互依赖程度都比较高，内外需市场体现出相互依存、相互促进的特征。

在新发展格局下，中国市场潜力将充分激发，中国开放的大门将进一步敞开，同世界各国共享发展机遇，实现互利共赢。这促使着我国通过参与国际市场竞争，使国内市场和国际市场更好联通，提高全球配置资源能力，增强我国在全球产业链供应链创新链中的影响力。

（一）在更大范围、更宽领域、更深层次实施对外开放

广东，始终致力于坚持改革开放政策长久不变，永远不会自己关上开放的大门，而是在更大范围、更宽领域、更深层次实施对外开放。

随着自贸区建设、"一带一路"建设、粤港澳大湾区建设等工作的推进，广东正以更加开放包容的胸怀，笑迎八方来客。2023年初，广东省高质量发展大会即提出，要打好外贸、外资、外包、外经、外智"五外联动"组合拳，坚定不移推进广东高水平对外开放，加快塑造国际合作与竞争新优势，进一步优化

对外开放布局，不断提升内外循环质量和水平。

也正是在 2023 年，广东先后出台了"招商引资 20 条""制造业外资 17 条"，成功举办中国—海合会经贸合作论坛、华侨华人粤港澳大湾区大会、中国侨商投资（广东）大会、世界粤商大会、世界客商大会等重大活动，2023 年粤港澳大湾区全球招商大会达成项目 859 个、总金额 2.24 万亿元，全省实际利用外资 1591.6 亿元，制造业利用外资增长 11.7%、占比自 2019 年以来首次超过三成，广东已形成汇聚全球高端要素的强大引力场。

风物长宜放眼量。改革开放以来，外资企业与中国、与广东经济发展同频共振，已经融入经济社会发展的方方面面。到目前为止，广东省累计设立外资企业 33.7 万家，实际利用外资 5873.7 亿美元。以 2024 年 1—7 月为例，在半年多时间内，广东省新设外资企业便有 1.3 万家，同比增长 11.2%，实际利用外资 606.7 亿元，其中利用欧美等发达国家外资增长 15.7%。

一系列数字，耀眼夺目，是如何使"梦想照进现实"的？

在更大范围、更宽领域、更深层次实施对外开放，离不开顶层设计，规划引领。2024 年，中共广东省委、广东省人民政府出台了《关于实施"五外联动"推进高水平对外开放的意见》，坚持以习近平新时代中国特色社会主义思想为指导，全面贯彻党的二十大精神，深入贯彻习近平总书记对广东系列重要讲话和重要指示精神，完整、准确、全面贯彻新发展理念，服务和融入新发展格局，围绕落实省委"1310"具体部署，扎实推进外贸、外资、外包、外经、外智稳中提质和互联互动，建设更高水平开放型经济新体制，全面提升广东在全球产业链供应链价值链中的地位，打造形成全球高端要素集聚和资源配置的枢纽区域，推动贸易强省建设上新水平，为广东在推进中国式现代化建设中走在前列提供有力支撑。

（二）系统谋划提升对外开放合作水平

进一步优化对外开放布局，提升对外开放合作水平，离不开系统谋划，扎实推进。广东紧紧围绕以下六个方面系统思考，以"钉钉子精神"推动落实：一是进一步深化外商投资管理体制改革，多措并举促进利用外资扩增量稳存量提质量。始终坚持扩大高水平对外开放，落实好国家取消制造业领域外资准入限制措施，以及推动电信、互联网、教育、文化、医疗等领域有序扩大开放的相关政策，争取有关措施在广东自贸试验区等有条件的地区先行先试。落实好国家对广州服务业扩大开放综合试点新增的9项开放政策；深化外商投资促进体制机制改革，统筹推进内外资一体化招商，办好粤港澳大湾区全球招商大会等品牌招商活动，加快构建多元化外商投资促进工作体系，推动形成政府、引资机构、商协会、中介机构、产业链龙头企业等多方参与、灵活高效的外商投资促进协调联动机制；健全外资企业服务保障体系，建立动态响应机制，及时协调解决外资企业问题诉求，优化外国人申请来华工作许可办理流程，为企业外籍员工在入境居住、教育、医疗和支付服务等方面提供便利。二是促进外贸创新发展。打造电子信息、现代轻工纺织等一批万亿元、千亿元级出口产业集群，提高出口产品附加值。高水平办好广交会、高交会等重大展会，深入实施"粤贸全球"计划，积极拓展中间品贸易。加快培育新动能，支持跨境电商创新发展，培育壮大数字贸易、绿色贸易、离岸贸易。培育建设南沙、黄埔和前海国家进口贸易促进创新示范区，加快大宗商品、电子元器件等六大进口基地建设。三是以更大力度吸引和利用外资。深入实施招商引资"一把手"工程，落实好国家和省出台的系列政策。加强制造业引资，围绕发展新质生产力，在新一代信息技术、人工智能等领域引进一批标志性项目。擦亮"投资广东"品牌，办好粤港澳大湾区全球招商大会等重大招商活动。全力打造市场化、法治化、国际化一流营商环境。四是推动服务外包提质增效，推动建设珠三角国家级服务外包城市群，建设一批服务外包孵化平台和公共服务平台，培育引进一批全球百强企业、中国领军企业。巩固提升旅游、运输、文化、中医药等传统服务贸易，加快发展金融保险、管理咨询、技术贸易、知识产权、保税维修等高附加值服务贸易。五是引导外经优化布局。实施"本土研发＋海外生产""国内总部＋全球布局"等模式，支持全省优势产业有序走出去。积极参与共建"一带一路"，重点打造一批境外经贸合作园区，探索开展"两国双园"产业链互补协作新模式。六是加大引进外智力度。鼓励和引导外资更多投向科技创新领域，吸引一批高水平外资研发机构落户。依托重大平台、重点机构、优势企业引入更多"高精尖缺"人才，引进和培养更多国际贸易、投资、物流、会展、涉外法律等专业人才。

2024年，广东省政府主要领导密集会见了埃克森美孚、赛默飞世尔科技等世界500强外企高管。

目前，埃克森美孚在广东的惠州乙烯一期项目投资已超过300亿元人民币，计划今年投资100亿元人民币。赛默飞投资广东已超过20年，赛默飞中国首个精准医疗科学中心、赛默飞世尔科技粤港澳大湾区基地落地广州。

埃克森美孚公司坚定看好广东、看好粤港澳大湾区发展前景，将继续安全高效推进惠州乙烯项目建设，充分发挥技术优势，进一步拓展合作领域，助力广东打造世界级绿色石化基地。赛默飞高度重视广东市场，将进一步加大在粤投资布局力度，充分发挥赛默飞的技术和产品优势，积极参与广东经济高质量发展和现代化建设。

2024年以来，广东对外交流合作频繁，与外企"双向奔赴"的场景和故事还有很多。2月，广东省政府与巴斯夫集团在湛江召开巴斯夫（广东）一体化基地项目高层协商会议；3月，西门子总裁兼首席执行官博乐仁带队到访广东；4月，在135届广交会上，广东超半数地级以上市市长带队，主动到会招商引资；

第二章 构建新发展格局广东在行动

5月,广东省代表团先后到访法国、古巴、美国,举行经贸交流会、参访外资企业是其中的重要议程;6月,大亚湾开发区组团赴美国、德国、奥地利开展考察招商……

广东正经历招商引资的新阶段,由过去主打政策优惠,转变为营商环境的提升。其中,最关键的是从商品生产要素的流动性开放转向形成制度性开放,率先建立高水平的对外开放新体制。接下来,招商引资这步棋该往哪走?

先看大环境。从全球趋势来看,近年来国际跨国投资低迷。今年1月,联合国贸易和发展会议发表的《全球投资趋势观察》显示,扣除跨国企业投资中转地因素后,2023年全球跨境投资下降了18%,2024年全球国际投资形势依然严峻。我国引资规模尽管仍处历史高位,在吸引外资方面仍面临较大压力。错综复杂的外部环境让广东吸引外资面临不少困难和挑战。

再看广东的招商吸引力,不仅要看短期之"形",更要看到长期之"势"。

2024年4月印发的《关于实施"五外联动"推进高水平对外开放的意见》,其中一个重要板块就是促进外资扩增量稳存量提质量——强化制造业招商引资,紧盯新一代电子信息、绿色石化、新能源、新材料、生物医药、高端装备制造等行业龙头企业,开展链主招商,引进一批标志性大项目;围绕6G、新一代人工智能、量子科技、基因技术、深海空天等产业,开展未来产业招商,招引一批产业变革性项目落地。

潮平两岸阔,风正一帆悬。

2024年是中华人民共和国成立75周年,是实现"十四五"规划目标任务的关键一年。在新征程上,更要做深做实习近平总书记所赋予的"一点两地"全新定位,全面深化粤港澳合作,加快建设世界级的大湾区、发展最好的湾区,携手推动新阶段粤港澳大湾区建设取得更大进展,更好发挥粤港澳大湾区的支撑带动作用。

一是扎实打造新发展格局的战略支点。充分发挥粤港澳大湾区联结内外循环的优势，坚持软硬联通一起抓，持续增强全球资源配置能力。要认真研究谋划新阶段粤港澳大湾区全面深化改革开放的重大举措，积极对接香港北部都会区和澳门经济适度多元发展策略，积极探索规则衔接、机制对接的新模式、新路径，推进大湾区高质量发展。要着力增强大湾区畅通国内大循环和联通国内国际双循环的功能，加快基础设施互联互通，打造世界级机场群、港口群，推进"轨道上的大湾区"建设，做好广珠澳高铁前期工作，加快皇岗、沙头角等口岸重建和改扩建，打造国际性综合交通枢纽集群。用好管好港珠澳大桥，打造经贸新通道。进一步优化完善"港车北上""澳车北上"，也要稳妥推进"粤车南下"。要优化大湾区营商环境，扩大"湾区标准"清单和"湾区认证"项目范围，推广"湾事通"综合服务平台，加快打造"数字湾区"。建设大湾区保险服务中心，支持广州、深圳建设国际商事仲裁中心。扩大"组合港""一港通"试点，强化大湾区贸易、航运枢纽功能。要强化系统观念，加强大湾区与国家重大战略协同联动，尤其要加强粤港澳大湾区建设与京津冀协同发展、长江经济带发展、长三角一体化发展、黄河流域生态保护和高质量发展以及雄安新区、海南自由贸易港、成渝地区双城经济圈建设等国家重大战略的协同联动；积极对接高标准国际经贸规则，在服务和融入新发展格局中不断拓展发展空间。

二是加快打造高质量发展的示范地。要加快建设全球科技创新高地和新兴产业重要策源地，畅通创新要素跨境高效流动，深化创新人才交流合作，开展从技术研发到企业孵化再到产业培育的全链条合作，更好打通从科技强到企业强、产业强、经济强的通道。重点推进粤港澳大湾区国际科技创新中心、大湾区综合性国家科学中心建设，抓好粤港澳联合实验室建设，打造5G、集成电路、纳米、生物医药等产业创新高地。尤其要始终牢记服务港澳初心，积极对接香港北部都会区建设和澳门"1+4"适度多元发展策略，以产业科技合作为重点，把横琴、前海、南沙、河套这几个龙头舞起来，加快打造引领高质量发展的重要动力源。要高水平推进重大合作平台建设，扎实抓好横琴总体发展规划落实，建设"专精特新"高端制造产业园、澳门品牌工业园，抓好澳门专业人士执业资格认可、澳门机动车"一检两认"、横琴跨境资金"电子围网"建设等工作，再导入一批产业项目，加快实现全岛封关运作，确保完成第一阶段目标任务，以优异成绩迎接澳门回归祖国25周年。要推动修订前海合作区条例，统筹提升前海产业发展、交通设施、城市生活、市政配套、生态环境等建设水平，实施"全球服务商计划"，做优做强国际金融城、国际法务区、国际人才港，强化跨境人民币业务创新试验区功能，打造融资租赁、航运服务、海工装备、国际咨询等集聚区。要加快南沙先行启动区基础设施建设、产业导入和功能提升，编制实施南沙新一轮总体发展规划，推动制订南沙金融改革开放方案，开展土地管理综合改革试点，加快南沙先行启动区建设，取得更多实质性突破。要更好落实河套深圳园区发展规划，推动出台河套深圳园区条例，强化"一河两岸""一区两园"统筹开发利用，开展科研资金跨境流动监管和便利化改革，推动出入境"白名单"、税收优惠等政策落地实施。

  三是全力打造中国式现代化的引领地。从粤港澳三地发展所需、民生所盼出发，持续推进就业、教育、医疗、社保等领域合作，支持港澳更好融入国家发展大局。要紧扣港澳居民重点关切，更大力度强化社会民生领域合作，打造宜居宜业宜游的优质生活圈。要支持广州进一步实现老城市新活力、"四个出新出彩"，强化中心城市门户枢纽功能，推进中新知识城、广州东部中心、北部增长极等重大平台建设，开展服务业扩大开放综合试点，在高质量发展方面发挥"领头羊"和"火车头"作用。锚定目标建设好深圳先行示范区，落实综合改革试点第二批授权事项清单，推进西丽湖国际科教城、光明科学城、深圳湾超级总部基地等建设，打造社会主义现代化强国的城市范例。高水平推进五大都市圈建设，形成区域互补、协调发展新优势。支持惠州加快构建绿色低碳产业体系、打造广东高质量发展新增长极，支持中山建设珠江口东西两岸融合发展改

先行南粤

革创新实验区，推动珠海鹤洲、佛山三龙湾、东莞滨海湾、江门大广海湾、肇庆新区等建设，推进广佛全域同城化、广清一体化，加快汕头、湛江省域副中心城市发展，支持梅州建设苏区融湾先行区。

2024年，正值《粤港澳大湾区发展规划纲要》发布5周年。广东把大湾区建设作为深化改革开放的大机遇、大文章抓紧做实，举全省之力办好这件大事，携手港澳打造融入国内国际双循环、走出高质量发展之路、彰显中国式现代化特质的大湾区！

天下為公

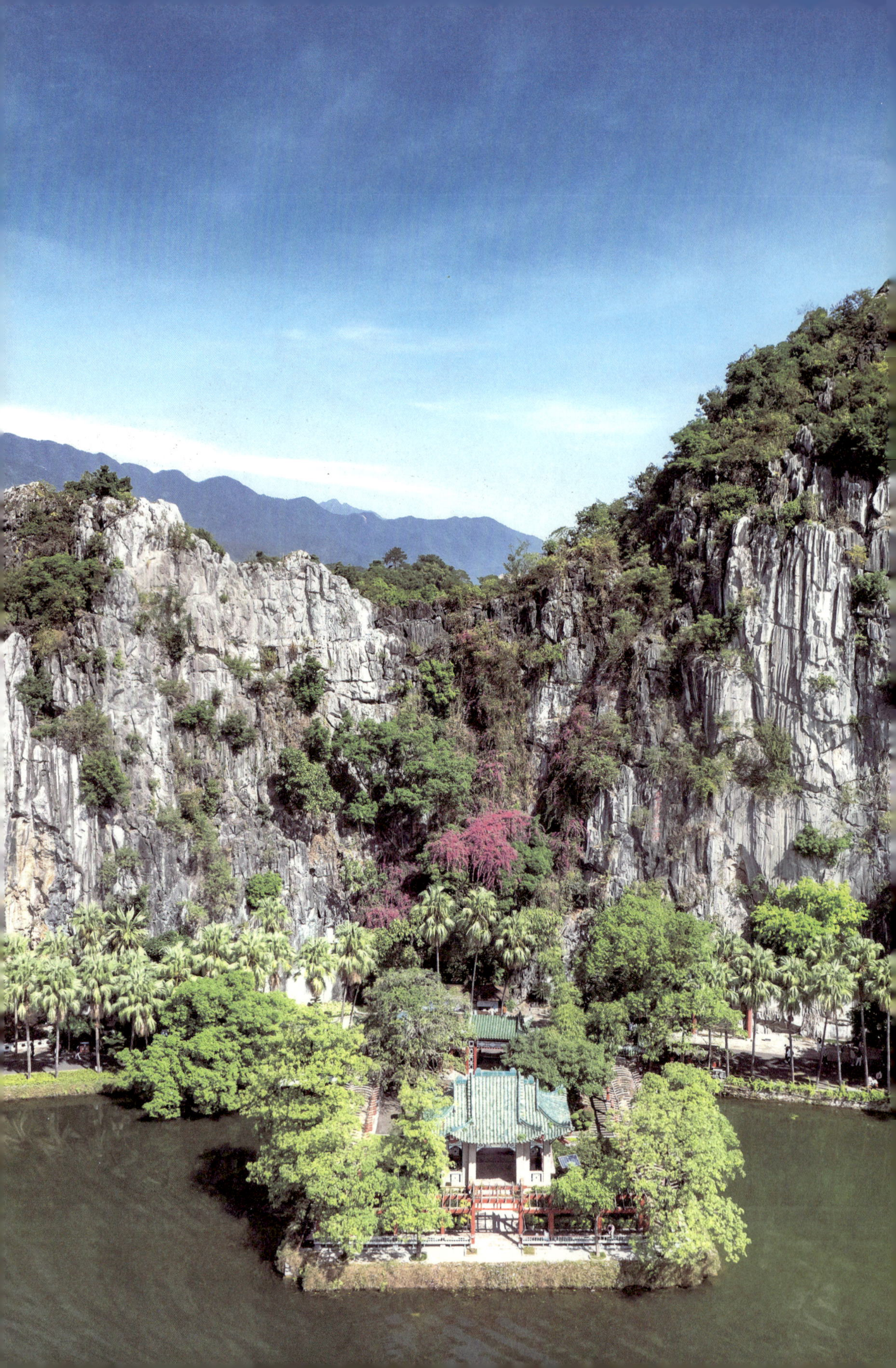

第三章

从发展窗口向文明窗口跃升

　　国家之魂，文以化之，文以铸之。文化是一个国家、一个民族的灵魂，文化兴则国家兴、文化强则民族强，没有高度的文化自信、没有文化的繁荣兴盛，就没有中华民族的伟大复兴。

　　2023年6月2日，习近平总书记在文化传承发展座谈会上指出，在新的起点上继续推动文化繁荣、建设文化强国、建设中华民族现代文明，是我们在新时代新的文化使命。广东深入学习贯彻习近平文化思想，强调扎实推进广东文化强省建设，率先提出"从发展窗口向文明窗口的跃升"目标，致力于建设展示中华民族现代文明的重要窗口，在岭南文化的传承浸润、守正创新中，努力为现代化征程提供源源不竭的精神力量。

一、思接千载，
　　探索岭南文化传承创新

2023年6月2日，习近平总书记在文化传承发展座谈会上指出："中国式现代化是赓续古老文明的现代化，而不是消灭古老文明的现代化；是从中华大地长出来的现代化，不是照搬照抄其他国家的现代化；是文明更新的结果，不是文明断裂的产物。"① 习近平总书记深刻阐明了中华文明具有的五个突出特性，即连续性、创新性、统一性、包容性、和平性。中华民族的发展道路、精神品格、共同信念、历史取向、胸怀格局，皆是这五大特性在历史空间中的具体表现。习近平总书记一系列重要论断揭示出，中国式现代化是物质文明和精神文明相协调的现代化，是源于中华文明内生性的现代化，更是立基于中华优秀传统文化的人类文明新形态。

岭南文脉，思接千载，历久弥新。

广东有广府、客家、潮汕三大民系，集聚了广府文化、潮汕文化、客家文化、雷州文化、华侨文化、禅宗文化、海洋文化、少数民族文化等绚丽多彩的文化生态，在语言、绘画、音乐、戏曲、工艺、建筑、民俗、饮食等方面展现了鲜明特质。广东人务实包容、开放创新，涵养了岭南文脉向上向善、刚健朴

---

① 习近平：《在文化传承发展座谈会上的讲话》，《求是》2023年第17期。

实的精神内核。

（一）整体保护，呵护古城风貌

2020年10月，习近平总书记在潮州考察时谆谆教诲："包括广济桥、广济楼在内的潮州古城比较完好地保留了下来，实属难得，弥足珍贵。在改造老城、开发新城过程中，要保护好城市历史文化遗存，延续城市文脉，使历史和当代相得益彰。"[①]历史文化遗存作为重要载体，往往承载着中华灿烂文明，传承着悠久的历史文化，不仅生动述说着过去，也深刻影响着当下和未来。保护好、传承好历史文化遗存，延续城市文脉，既是对历史负责，也是对人民负责，功在当代、利在千秋。

古城既是历史遗存，又是人民群众生活的家园。如何保护好发展好潮州古城？这是时代交给广东的一个沉甸甸的课题。潮州地标广济桥，又叫潮州湘子桥，位于潮州市古城东门外，横跨韩江，联结东西两岸，集梁桥、浮桥、拱桥于一体，为古代广东通向闽浙的交通要津，是中国四大古桥之一，国家重点文物保护单位，被桥梁专家茅以升誉为"世界上最早的启闭式桥梁"。如今的广济桥，梁舟结合，联阁重瓴，造型高雅；楹联亭匾美轮美奂，诗文书法活色生香，令人叹为观止。广济门城楼，俗称东门楼，是潮州古城七城门之首，历来为潮州城之城防、交通要隘，它矗立于潮州古城墙的正中，与广济桥相互辉映。

为了保护好古城地标性建筑的根脉，潮州一是坚持以人为本，发挥人在保护中的主观能动性，以建设好"家园地标"为使命，让当地的专业人才做专业的事。例如，广济桥守护者余小洁获评全国"最美文物安全守护人"，为2021

[①] 王晔、鞠鹏：《以更大魄力在更高起点上推进改革开放 在全面建设社会主义现代化国家新征程中走在全国前列创造新的辉煌》，《人民日报》2020年10月16日。

先行南粤

潮州地标——广济桥（中共潮州市委党校供图）

年度广东省唯一入选者。她说："把自己的人生追求与这座古桥的保护与荣耀融为一体，努力去学习、去钻研，用我最大的努力去呵护好她。"余小洁先后主持完成10多项文物保护性重大维缮项目，包括钢质木饰梭船建造、浮桥跳枋和栏杆设计安装以及广济桥水下安全勘察工程等，为广济桥修缮保育作出了卓越贡献。二是整治周边环境，协调桥楼风格景色统一。广济桥全长518米，广济楼矗立于古城之中，与广济桥交相呼应。广济桥、广济楼修建过程中秉持修旧如旧原则，注重广济桥、广济楼、古城、韩江、笔架山以及凤凰洲等周围环境的和谐统一，避免单一的孤零零建筑。三是探索活化利用与可持续发展的新路径。打造文旅品牌，扩大桥楼的影响力。潮州充分发挥短视频的快速传播优势，宣扬广济桥楼等潮州文物和文化，近几年在国内掀起了去潮州旅游的热潮。同时，完善基础设施，提供优质旅游配套服务。景区在着力优环境、提服务方面下足微功夫，广济桥引进人脸识别入桥机制，有效解决了景区高峰期客流的压力；

第三章 从发展窗口向文明窗口跃升

潮州地标——广济楼

住宿方面，缓解现有酒店难以承接游客量的困难，鼓励古城居民开发利用已有的古民居打造特色民宿，制订实施潮州民宿管理办法和扶持政策，引导民宿实行"分级化"管理，通过评星定级推动民宿专业化、高端化、品质化发展。

广东深入贯彻落实习近平总书记视察广东、视察潮州重要讲话、重要指示精神，本着强烈的历史责任感和使命感，以珍惜、珍重、珍爱的态度研究好、呵护好珍贵的历史文化遗存。潮州始终坚持"古城一盘棋"的指导思想，锚定高质量发展目标不动摇，科学认识并正确处理"古"与"新"、传统与现代、保育与活化的关系，探寻科学合理的古城保育活化长效机制，大力发扬"钉钉子精神"，坚持不懈地抓好落实。

加强合作协调，促进古城保护顺畅有序。潮州古城的保护，需要加强政府、社会组织、企业等各方面的协作，形成多元化的保护合作机制。首先，潮州注重与相关部门和机构合作，加强古城保护工作的整体规划和协调。在保护规划和设计方面，与专业机构和学者建立了紧密的联系，组织专家进行研究和评估，提出切实可行的保护方案。在保护工作实施方面，市政府与相关职能部门建立了协调机制，定期召开会议和座谈会，加强信息交流和经验分享，确保古城保护工作的有序推进。其次，潮州始终坚持"整体保护"，保持古城山水完整格局，以"打造'古'的典雅"为目标导向，分批次推进古城内139处登记文物点和已登记授牌历史建筑的修缮保护工作，引导老匠人、老技艺人采用传统材料和工艺，发挥工匠精神，精细化推进文物保护修缮，最大限度保护好潮州古城的历史风貌。注重与社会组织和公众的合作，鼓励各方共同参与古城保护工作。潮州鼓励社会组织和志愿者参与古城保护工作，建立了一支由专业人员和志愿者组成的古城保护队伍，参与城市巡查、文物保护和社区宣传等工作。最后，注重与其他城市和国际组织的合作，加强对外交流。潮州参加了多个国际古城保护组织的会议和活动，学习和借鉴国际先进的古城保护经验和技术，并且积极参与国内各地古城保护工作的交流与合作，建立了一系列城市合作和文化交流项目，促进古城保护工作的交流和共同发展。

下足活化功夫，强化古城传承文脉功能。潮州注重将历史古迹与现实生活联系起来，让历史遗存在当今生活中焕发出新的生命力。近年来，在古城内，可以看到许多古民居得到了修缮和保护，并被改造成为各式各样的民宿客栈。这些民宿客栈不仅保留了古建筑的风格和特色，还在细微之处体现出传统的生命力。比如，在装修中加入了古董家具、文物摆件等，使客栈具有古色古香的氛围。潮州集中了以开元寺为代表的唐代寺庙建筑、以许驸马府为代表的宋代府第，以黄尚书府、卓府为代表的明清代建筑，以太平路、义安路为代表的近现代骑楼街等，诸多文化遗存见证潮州千年历史发展，也承载着当地的时代记忆。潮州致力于让古城留住记忆，让文化找到寄托，将历史建筑串联，着力打造一批"网红线路"和"打卡景点"，把古城建设成为不同时代精品建筑云集的"活态博物馆"。

第三章　从发展窗口向文明窗口跃升

骑楼街

　　发挥社会力量，推动宜居宜文宜游协调发展。潮州古城的保护是一个综合性的工程，除政府的资金和管理力量外，社会力量的积极参与同样重要。潮州积极推行"百家修百厝"计划，鼓励民间资本对古城区内的老房子进行修缮和整治，从更广维度推动古城的保护工作。这一计划不仅提高了居民的生活品质，也为古城的保护工作注入了新的活力。潮州通过招商引资等方式，吸引了大量的文创产业进驻古城区，推动了古城文化创意产业的繁荣，同时为古城的保护和发展提供了更多的支持和保障。潮州坚持"主客共享、城景一体"的宜居、宜文、宜游发展之路，融社区与景区于一体，促进文化遗存开发利用与居民生活品质同步提升，激发民间力量驱动文旅融合，将文物资源变旅游景点、工艺美术变精品业态、居民建筑变创客民宿，赋予老厝民居文化空间，因地制宜，因势利导，呈现民宿客栈、茶馆茶舍、精品购物店、文创店、博物馆等多种形态，实现"民生化"和"文旅化"有机统一。

目前，第三批国家考古遗址公园立项名单的笔架山潮州窑遗址公园建设、镇海楼旧府衙复建等重点项目已见成效，黄尚书府后座修缮工程业已全面完工，廖厝祠、铁巷陈宅等多处文物点和古民居正按照"原材料、原工艺、原形制、原做法"原则进行修缮。未来，潮州将在努力保护历史文化遗存的基础上，启动"世界文化遗产"申报工作，全面加快国家级文化生态保护实验区、国家文物保护利用示范区、国家 AAAAA 级旅游景区建设，怀着对历史文物的敬畏之心保护古城，彰显潮州文化魅力，提升人民群众生活品质，让人民群众在文化振兴中享受更多的幸福感和获得感。

（二）用心用情，延续非遗神采

历史文化遗产，承载着一个民族的文化基因，折射着一个民族的精神特质。保护历史文化遗产，有助于增进文化认同、增强文化自信。从历史层面看，保护历史文化遗产就是记录和传承文明发展史，以史鉴今；从社会发展层面看，保护历史文化遗产为爱国主义和革命传统教育提供基本素材，继往开来，为发扬优秀传统文化和实现民族复兴提供有力支撑；从经济层面看，良好的历史文化遗产保护与利用，在扩大对外交流、发展文化旅游等方面发挥着促进作用。质言之，加大文化遗产的保护力度，推进文化遗产的合理利用，才能使文化成果更多惠及人民群众，满足人民群众多样化、多层次、多方面的精神文化需求，促进人的全面发展，推进社会文明程度提升，用文化的力量持续浸润高质量发展。

习近平总书记 2020 年在潮州视察时殷切嘱托道："潮州文化具有鲜明的地域特色，是岭南文化的重要组成部分，是中华文化的重要支脉。以潮绣、潮瓷、潮雕、潮塑、潮剧和工夫茶、潮州菜等为代表的潮州非物质文化遗产，是中华文化的瑰宝。要加强非物质文化遗产保护和传承，积极培养传承人，让非物质文化遗产绽放出更加迷人的光彩。"①

潮汕文化，源远流长，底蕴深厚，独具特色。

潮州时刻牢记习近平总书记视察潮州时的殷切嘱托，以保护中华优秀传统文化重要支脉为己任，在更高起点上推进潮州文化的研究、保护、传承、创新和发展，不仅要让文化遗产得到保护传承，更要让文化遗产"活起来"，努力把潮州建设成为展示中华灿烂文化的重要窗口，让人们在体验潮州文化的过程中感悟中华优秀传统文化、增强中华民族共同体意识。

多措并举，培育壮大传承创新队伍，保持非遗传承生命力。以潮绣、潮瓷、潮雕、潮塑、潮剧和工夫茶、潮州菜等为代表的潮州非物质文化遗产，大多具有艺术水平高、产品产出周期长、技术专业化程度高等特点，这就决定了需要肯吃苦、有耐心、兼具文化素养与乡土情怀的高素质人才队伍将其传承下来并发扬光大。潮州一直坚持多措并举，培育壮大传承创新队伍，保持非遗传承生命力。一是完善专精人才培养体系，多渠道培养后续梯队。鼓励扶持潮绣、潮彩、潮剧等国家级非遗传承人设立工作室，命名一批大师工作室，做好传帮带表率。近三年，新认定潮剧、潮彩、潮绣、木雕、工夫茶、潮州菜等市级非物质文化遗产代表性传承人 15 人。聘请北京大学、中山大学等一批深谙传统文化、情深潮州故土的潮籍资深专家，对非遗工作进行专业指导。依托韩山师范学院、

---

① 王晔、鞠鹏：《以更大魄力在更高起点上推进改革开放　在全面建设社会主义现代化国家新征程中走在全国前列创造新的辉煌》，《人民日报》2020 年 10 月 16 日。

技师学院、技工学校推进教育与非遗传承工作融合发展，打造专兼结合的非遗传承师资队伍。组织传承人群研修、研习、培训，帮助非遗传承人群提高文化艺术素养，提高传统工艺的设计、制作水平。扶持非遗文创开发人才，定期评选奖励富有潮州文化元素的创意作品。二是以兴趣为导向，推进非遗传承进学校、进乡村，扩大非遗爱好者受众。组织潮州音乐相关教师进校园开展潮州音乐培训活动，市潮剧院推进潮剧"进校园、进乡村"，将非物质文化遗产保育与学校育才、乡村振兴等结合起来。其中，潮州铁枝木偶戏在10多所中小学校开展传承演示，吸引超3000名学生参与操作；举办30多场潮绣、剪纸、潮彩、潮剧、木雕等公益培训班，培养青少年认识、热爱本地非遗项目，为传承人才队伍奠定基础。

丰富形式，融入新型业态，彰显非遗活化魅力表现新渠道。潮州积极丰富非遗表现形式，进一步提升非遗吸引力。一是以古城为核心打造展示舞台，以"政府搭台＋政府补贴＋企业参与＋团队展示"的方式，重点围绕寒暑假、春节假期、五一假期、国庆假期等重要旅游节点，深化"文化古城·乐享名街"牌坊街文艺活动品牌建设，推动非遗项目更多地向市民游客展示，助推"非遗＋旅游"良性互动、实现双赢。二是探索打造新型非遗文化产品，如潮剧折子戏、英歌舞体验等，探索打造集文化创意、文艺展演、文化研学等多渠道经营模式。潮州还积极提升非遗和工艺美术产业化水平。加强潮州非遗、工艺美术活态传承，引导相关市场主体贴近时代、贴近生活、贴近市场，走好"精品＋产品"路线，力促文化优势转化为产业优势。推动大师工作室和文创商店集聚发展，打造古城非遗展销"大客厅"。加快工艺美术产品"走出去"步伐，不断提高潮州工艺美术产品的市场占有率和品牌知名度。聚焦申报世界美食之都，完善潮州菜、潮州工夫茶行业标准，探索潮州菜中央厨房（预制菜）产业化新路子，加快凤凰单丛茶文化系统申报全球重要农业文化遗产，做大做强潮州菜、潮州单丛茶等产业。

第三章　从发展窗口向文明窗口跃升

潮州地标——潮州牌坊街（中共潮州市委党校供图）

打好"侨牌",发挥侨乡优势,提高潮州文化辐射力影响力。潮汕地区是我国著名侨乡。习近平总书记指出,要根据新的实际做好"侨"的文章,加强海外华侨工作,引导和激励他们在支持和参与祖国现代化建设、弘扬中华文化、促进祖国和平统一、密切中外交流合作等方面发挥更大作用。潮州践行习近平总书记的殷切嘱托,积极做好"侨"的文章和潮商文章。潮州是世界各地潮州人的桑梓故里,"潮文化"是联系海内外潮州人的精神纽带。潮州市围绕"做好侨的文章",推动非物质文化遗产"引进来"和"走出去",引领侨心大回归。以潮文化为纽带,加强与海外潮人社团的联系,设立国内首个中国侨乡文化(潮汕)研究中心,常态化开展文化交流,着力打造海内外潮州儿女的精神家园,旅外潮籍乡亲文化认同感和归属感不断增强,回乡创业的热情高涨。通过定期举办潮侨潮商座谈会,广邀海内外潮属社团、国内潮商会等负责人欢聚一堂,畅叙桑梓之情,共谋发展大计,增强他们对家乡的认同感、归属感、自豪感,将发挥各自优势,大力弘扬潮州非遗,同心协力支持祖国和家乡建设,把潮州建设得更美丽。此外,潮州全面加强文化对外传播,推动潮州文化更好走向全国、走向世界。通过举办潮州文化论坛、潮州文化大学堂、"潮智汇"潮州文化沙龙等学术研究活动和"潮州文化海外行""潮州文化寻根之旅""潮州非遗精品展"等文化交流活动,组织赴港澳地区和"一带一路"国家、地区开展文化交流传播,策划制作传播度高的新媒体外宣精品,加强线上线下联动,大力推动潮州非遗工艺品和工艺美术特色产品走出去。通过打造中华优秀传统文化的展示窗口,全方位、宽领域、深层次提高潮州文化的影响力和辐射力,向世界传递出潮文化的精神标识与文化名片,讲好潮州故事,唱响潮州声音,不断增强中华优秀传统文化在国际上的亲和力、感召力和影响力。

目前,通过不懈努力,潮州已经初步建成了门类全、体量大、质量精的非物质文化遗产资源传承发展体系。截至2023年,全市共有市级以上非物质文化遗产代表性项目139项,其中人类非物质文化遗产代表作1项、国家级非物质文化遗产代表性项目17项、省级非物质文化遗产代表性项目47项；市级以上非物质文化遗产代表性传承人211人，其中国家级非物质文化遗产代表性传承人22人、省级非物质文化遗产代表性传承人77人；拥有国家级工作站1个、省级工作站1个、国家级基地2个、省级基地26个、省级文化生态保护实验区1个。此外，作为世界"潮"文化发祥地，潮州还拥有"国家历史文化名城""中国瓷都""中国工艺美术之都""中国优秀旅游城市""中国婚纱礼服名城""中国潮州菜之乡""中国民间工艺传承之都"等36项城市殊荣。

  一座座古雅又富有活力的古城，一项项彰显岭南特色的文化遗产，筑牢了广东现代化发展的文化基地。广东正在坚定不移以习近平文化思想为指引，着力赓续传统文脉、推动中华优秀传统文化创造性转化和创新性发展，着力加强国际传播能力建设，向世界讲好岭南文化的故事，促进文明交流互鉴，不断提升文化软实力和文化影响力，为广东在中国式现代化进程中走在前列提供了更为强大的精神力量和更为有利的文化条件。

二、以文化带动城市更新，不断提升生活品质

当今的中国，正在向着全面建成社会主义现代化强国迈进，中华民族伟大复兴正在为中国城市参与全球合作、集聚全球高端资源聚势赋能。在以中国式现代化全面推进中华民族伟大复兴的雄伟进程中，针对拥有广州、深圳等超大城市以及众多大城市的广东，如何推进城市更新与发展，使老城市焕发新活力，提升城市综合功能实力以及影响力、辐射力、显示度，促进城市高质量发展，这既是难得的机遇与挑战，也是一项必须面对的时代课题。

（一）留住乡愁，老城区旧貌展新颜

2018年10月，习近平总书记在考察广州市荔湾区西关历史文化街区永庆坊时指出，城市规划和建设要高度重视历史文化保护，不急功近利，不大拆大建。要突出地方特色，注重人居环境改善，更多采用微改造这种"绣花"功夫，注重文明传承、文化延续，让城市留下记忆，让人们记住乡愁。

城市更新是城市发展过程中的自我调节机制，是城市新陈代谢的必然过程。"千年商都"，羊城广州，城市更新，势在必行。起步初期，广州的城市更新工作已不仅仅是存量用地资源意义上的"三旧"改造内容，而是被赋予了极其重

永庆坊牌匾牌坊

要的意义,逐步发展更新成为面对城市空间结构格局优化、城市功能调整完善、相关利益关系协调,以及传统历史文化环境乃至邻里社会关系如何提升等诸多复杂问题的统筹引导抓手,更新改造过程也不断促使着城市生产和生活方式的转变与更新。

荔湾区作为广州老城区,拥有丰富的历史遗迹和独具岭南特色的传统文化,现有历史文化街区 14 个,占全市历史文化街区数量(26 个)的 53.8%。为进一步贯彻落实习近平总书记视察广州的重要指示精神,切实以"绣花"功夫推进老城活化保护,让城市留下记忆,让人们记住乡愁,荔湾区以泮塘五约历史文化街区升级改造和活化利用为范例,积极探索将历史文化保护传承利用融入历史文化街区改造提升工作,实现城市微改造与文化保护传承协同推进,打造历史文化保护的典范。2020 年,泮塘五约微改造项目入选广东省"三旧"改造优

先行南粤

秀案例文化保护榜，并被选取为广州市"城市客厅"代表性考察点。2022年，荣获"2020WA中国建筑奖"中的"城市贡献奖"，成为广州市唯一入围的项目。

泮塘五约拥有90多年历史，是广州历史城区中罕见地保留了完整清代格局、肌理和朴素风貌的多姓宗族共居乡村聚落。它是满载岭南风情魅力的千年古村，也是传承岭南建筑文化的珍贵载体，更是展示岭南乡村风貌的重要窗口。现代的泮塘五约地处荔湾区逢源大街荔湾湖历史文化街区范围内，与周边城市重点区域联系便捷。片区范围内西面和南面为荔湾湖公园，临近仁威古庙。曾几何时，泮塘地区非常富庶繁华，文教也十分兴旺。然而，文化阻挡不了沧海桑田和时代变迁，广州城区经历大拆大建后，许多历史建筑遭到破坏，泮塘首约至四约也难以幸免，早已湮没在城市的繁华喧嚣之中，唯独留下五约，成为泮塘仅存血脉和城市的印记、乡愁的寄托。在大拆大建的历史潮流中，虽然泮塘五约得以完整保留，但在早年城市改造的背景下，村内建筑风貌和基础设施较为陈旧，有些古建筑因常年失修破落不堪，历史聚落已逐渐演变为商贸批发仓储的低价值区域，最少时村内仅留存100余户原居民，许多当地人纷纷搬离，仅通过祭祀、舞狮、龙舟、武术等传统民俗活动维系着宗族关系，保持着宗族凝聚力。如何对泮塘五约进行保育活化，让岭南文脉延续，让人们记住乡愁，成为摆在广州市政府面前的时代课题。

泮塘五约处于历史文化街区改造的核心区，自然资源和人文资源丰富，改造范围位于荔湾区中山八路以南、泮塘路以西，荔湾湖公园东北，占地约3.1万平方米，总建筑面积约5.3万平方米，居民1517户，人口5394人，改造涉及400栋房屋，改造后有居民1101户，人口约2700人。为了更好地对泮塘五约进行更新改造，广州市政府在大规模调查研究的基础上，决定采取以下三种方式。

一是完善公共基础设施，改善人居环境。泮塘五约被列入广州首批微改造项目后，广州市和荔湾区两级政府共投入资金6000万元，修缮建设各项基础设施、改造和活化公产建筑，结合立面整饬和街巷景观设计，整体提升古村风貌。

微改造一期工程拆除连片危房约3500平方米；二期工程完善了公厕、菜市场等公建配套设施，累计完成立面修缮16000平方米，铺装8000平方米；有效缓解汛期内涝的问题，改变了泮塘五约与荔湾湖公园交界处的风貌。同时，改造中遵循修旧如旧、建新如旧的原则，摒弃大拆大建的方式，加强泮塘文化特色及传统村落人文风貌保护，采取局部拆建、保留全貌的措施，在不损害街区传统风貌的前提下，对建筑外观加以维护修饰，保留街区整体格局及村落肌理。运用满洲窗、趟栊门、青砖墙、封檐板、木骨架等岭南建筑元素，彰显了简练、朴素、通透、淡雅的中式韵味，凸显岭南文化特色。

二是加强历史文化资源梳理，注重文明传承。泮塘地区拥有丰富的非物质文化遗产，其中大部分极具广府特色的民风民俗风情得以保留。例如，对三官庙广场和泮溪五约亭前广场景观小规模改造，继承和发扬西关泮塘疍家风俗文化中的本土特色内容。邀请设计师驻场，充分挖掘泮塘片区文化资源，建立文化史料资源档案，包括非物质文化遗产、宗教和节日活动等，如醒狮表演、庙会庙祠、龙船竞技、疍家民俗，形成鲜明的泮塘文化特色，激发了街区文化认同感和凝聚力。此外，泮塘五约还有众多历史传统建筑，其中文物建筑3处，包括仁威庙、泮溪五约亭、皞遐书舍；历史建筑2处，包括李氏敦本堂、直街41号清末传统民居；传统风貌建筑11处，除了五约外街门楼和三官庙泮塘第三生产队旧址外，其余均是清末民居。李氏敦本堂、泮溪五约亭等古迹已进行原貌恢复，敦本堂北侧风水塘、皞遐书舍等建筑已得到初步修缮，敦本堂原祭祀活动功能也得以恢复，古村的宗祠文化和传统历史风貌得到整体保护，以岭南建筑为魂的历史文脉得到完美保留。

三是导入优质文化业态，打造文化创意产业聚集地。泮塘五约坚持引入众多与岭南优秀传统文化、广府非遗文化项目等元素相关的，并且在本行业内具有一定影响力、号召力和稳定流量的龙头商户进驻，街区以大师工匠作坊、新青年艺术创作、传统文化艺术展示交流等为主要业态，同时还引进唐卡艺术馆、

先行南粤

如今的泮塘古村已经成为"网红打卡地"

时间小院、音乐空间、健身俱乐部等文化创意业态，配套无明火餐饮、青年公寓、文化展览等功能，新文化生活聚落已初见成效。泮塘五约这种商户与居民区交错分布，烟火气和书香气共存共生的模式，让古村既渗透历史人文气息，又不失时代感，古村风貌与个性时尚文化相融合的广式生活体验区给游客留下了深刻印象。此外，泮塘五约非常注重利用现代创意文化带动提升传统文化的社会认知度和认同感，加强现代和传统文化的融合和碰撞，促进两者融合共生，

催生新型文化业态，重塑老城区文化新形象，吸引更多的城市居民尤其年轻人回归老城、品味老城、建设老城。例如，泮塘五约通过保留一部分"小店经济"，如岭南传统小吃、老字号特色小店，鼓励小店创新经营，丰富夜经济，满足不同人群的生活需求，让游客在体验文化创意产业带来的心灵愉悦和思维冲击以外，又感受到浓浓的乡土气息。

随着经济的飞速发展，中国许多古村落由于交通不便、经济发展落后，逐渐走向衰败，即使能完整保留下来，也基本失去居住的功能。而泮塘五约的成功之处在于，它既是历史文化街区保护的项目，也是一项民生工程。泮塘五约邻里花园经过分期建设，共拆除乱搭建、破旧雨棚、广告牌共149平方米，新增具有岭南水乡特色的彩绘11处共233平方米。另外，对泮塘旧市场、破旧失修的空间进行重新改造，增加补种绿化面积达2000多平方米，为居民营造了舒适美观的居住环境。进入古村，游客被充满岭南艺术风格的墙绘和"泮塘五秀""通水传说"等故事吸引，街巷里零散分布着广州人文风情墙画，以丰富的西关元素唤起人们的历史记忆。五秀广场与荔湾湖分隔的围墙拆掉后，砌上绿意盎然的花基，让泮塘五约再度与"水"相伴，区域内充满浓浓的邻里文化、西关元素和烟火气息。

泮塘五约改造试点完成后,在社会上引起广泛关注。媒体镜头下的泮塘五约,老房子更有韵味,街区环境更加干净整洁,绿化空间更加宽敞,基础设施更加完善,人居环境更加漂亮,民众赞美的呼声自然也越来越多。随着知名度的日益提高,泮塘五约吸引了很多享有盛名的文化艺术大师入驻,包括音乐、岭南盆景、国画艺术、传统匠艺等领域知名大师。如今的泮塘五约,已成为广州采用"绣花"功夫微改造、传承岭南文化、改善人居环境的一块金字招牌。

(二)青山秀水,千年古城闪耀灵韵之美

一座现代文明城市,需要水去灵动和美化,需要水去扬韵和铸魂。广州,因水而兴,亦曾因水而忧。

以广州市海珠区为例,被漱珠桥、环珠桥、跃龙桥、伍家花园、潘家大院、海幢寺、十香园、邓世昌纪念馆等众多文化遗址环绕的漱珠涌,清代诗人陈其锟曾在《忆江南》中盛赞道:"珠江好,最好漱珠桥。紫蟹红虾兼白鳝,蜀姜越桂与秦椒。柔橹一枝摇。"然而,漱珠涌早在1966年就被石板盖住河涌,改造成暗渠,成为一条污水排泄通道。作为空间水域载体的河涌被填埋覆盖,曾经与河涌相关的文学、传说、乡愁再也找不到依托,遇到超过50毫米的雨水,则周边地区极易形成内涝,周围人民群众的生活受到了极大影响。

2019年以来,广州市委、市政府统筹推进城市更新九项重点工作,将黑臭水体治理与城市更新工作协同一体推进,城市水环境质量稳步向好,以广州市海珠区为例,东朗、猎德断面达标,劣Ⅴ类河涌和黑臭水体已基本消除,水环境质量为土地资源赋能显著,滨水沿线集聚效应凸显。

广州市牢记习近平总书记强调的"微改造"与"绣花功夫",从漱珠涌两岸入手,在系统解决流域范围点源、面源的同时,对漱珠涌进行揭盖复涌,恢复

其雨水排放功能、行洪排涝功能和雨水调蓄功能，确保片区不发生或者少发生内涝。结合沿线分布的文物建筑、历史建筑进行环境改造，优化原有空间形态和尺度，并延伸新的"毛细血管"街巷，织补水网，更新绿色界面，提升场地水敏性和生物多样性，让漱珠涌变得更有温度、更有生机、更有活力。通过水景观历史样貌的还原和整个洪德片区历史文化街区的打造，相关的城市文化载体又再度有了生机，既使城市历史文化和现代生活相融洽，新型居住社区与热闹的商业氛围相结合，也在改善人居环境的同时极大推动了旧城区滨水经济的发展。在广州，类似漱珠涌改造模式的河涌还有很多。未来，改造完毕的河涌将成为广州宜居宜商最具发展潜力的区域，形成蓝绿交织、珠水碧流的生态画卷。促进治水、治产、治城相融合，生产、生活、生态相协调，让城市因水而美、产业因水而兴、人民因水而乐。

除却河涌，亦有港口。近年来，随着深水化港口向海迁移，老港区腹地产业结构不断升级调整，港口与城市的矛盾日益凸显。城市中心用地、城市岸线不断向老港区扩张发展，老港区正面临着如何更新与换代升级的问题。广州港黄埔老港区（即享誉中外的"黄埔港"）正是这一问题的典型体现。随着广州市区的不断扩展，黄埔老港区逐渐比邻住宅区域，码头带来的交通拥堵等不良影响与黄埔城区发展目标不一致的矛盾日益凸显，港口与城市互为依托、互相促进的关系逐渐演变为相互干扰与制约的关系，其中涉及发展空间、交通、环境等多个方面，黄埔老港区已基本被城市建成区包围，港口集疏运体系与城市交通干线连接，城市交通主干道也成为港区集疏运体系的一部分，给城市交通、空间疏解带来较大压力。

为破解这一难题，广州坚持港城融合发展，以系统思维布局港口产业升级。港口依水而生，城市因水得城。城市与港口相互连接，必须以一种和谐的方式融入当地环境。广州加强顶层设计，以精细化的规划策略，充分挖掘老港区地块潜力和体现港口融合发展的元素，建设以人为核心、产城融合、文化传承、生态宜居、交通便捷、生活便利的高品质人文集聚区，充分挖掘港口文化资源与"亲水"优势，集聚发挥本地文化资源禀赋，打造具有港口特色的文化创意、旅游贸易产业，以"腾笼换鸟""转型升级"的模式推进港城高品质融合发展。

同时，广州市政府非常注重加强政策激励，引导港口企业主动加快转型升级。港口作为城市发展的重要基础和重要依托，老港改造、港区功能整合、港城融合等升级换代项目的开发前景广阔。近年来，广州不断加强政策扶持与激励，加强对产业升级、项目落户、经营效能、人才激励等方面的奖励，统领企业共同做好港口转型升级建设规划，打造有利于临港产业发展的政策环境、法律环境和市场环境，促进吸引相关产业聚集，形成高端产业链并协调发展；通过政府投资或特殊政策，支持港口企业多元化经营，引导港口企业加快转型升级，开启了黄埔老港区转型升级发展的新篇章。目前，广州已初步实现将黄埔老港区建设成为集邮轮、游船、航运服务和金融于一体，具有港航特色和开放活力的港口经济开发区，打造带动全市经济发展的新引擎，形成珠江岸线经济带新的发展增长点，为城市的高质量发展提供了充足动能。

三、树立文化新标杆，打造岭南文化传播名片

当今社会是一个高度媒介化的社会。欧洲学者克努特·伦德比在《媒介化、变化和后果》一书中指出："媒介，特别是新闻媒介主宰、溶解和牵引人们的意识、行为方式和整个社会，促成媒介化社会。人类高度依赖媒介而生存，社会被媒介所驾驭。"因此，在国际文化体系中构建自己的话语体系、赢得自己的话语权，将直接影响一个民族、一个政党的前途和命运。

"地球村"发展到今天，一个道理不言自明：任何国家都不可能独善其身，也没有哪个国家可以包打天下。当今世界是一个联系的世界，是一个大发展、大变革、大调整的时代。世界多极化、经济全球化深入发展，社会信息化、文化多样化持续推进，新一轮科技革命和产业革命正在孕育成长，国与国之间相互联系、相互依存的关系更加紧密，全球命运与共、休戚相关。

从某种意义上说，中国近现代以来就面临着挨打、挨饿、挨骂这三个问题，而中国特色社会主义实践就是解决挨打、挨饿和挨骂的问题。经过几代人的努力，中国前两个问题基本解决。改革开放以来，中国共产党带领中国人民走具有中国特色的社会主义道路，经过40多年的发展，中国社会和中国人民发生了广泛而深刻的变化。特别是党的十八大以来，我们党以巨大的政治勇气和强烈的责任担当，提出一系列新理念新思想新战略，出台一系列重大方针政策，推出

一系列重大举措，推进一系列重大工作，解决了许多长期想解决而没有解决的难题，办成了许多过去想办而没有办成的大事，推动了党和国家事业发生历史性变革。这些历史性变革，对党和国家事业发展具有重大而深远的影响。然而，我们还面临着一个重要的问题，那就是挨骂的问题。中国进入中国特色社会主义新时代，必须牢牢掌握国际话语权，传播中国文化，讲好中国故事。

讲好中国故事，必然要求要讲好广东红色革命文化的故事、讲好"创闯干"的故事、讲好"改革开放再出发"的故事。对此，广东责无旁贷。

（一）推出优质作品，展现岭南文化新气象

近年来，广东创造了如《沙湾往事》《西关小姐》等获得"五个一工程"奖的优秀作品。粤剧、雷剧、采茶戏、山歌剧、潮剧、广东汉剧等地方剧种得到飞速发展，同时诸如白字戏、花朝戏、正字戏、西秦戏等稀有剧种得到很好保护与传承。此外，闻名遐迩的"南国书香节"，业已成为广东又一个非常重要的文化盛宴。经过多年的努力，书香节已由单一的图书展，变成集成果展示、展销、文化活动、信息服务交流于一体的文化盛会，深受海内外读者的关注与喜爱。海内外读者齐聚一堂，共赏文化作品盛宴，与作者面对面谈心，与志同道合的"书友"漫谈，书香氤氲，学思涌动，堪称是一道亮丽的人文风景线。

2023年，由中央电视台、中共广东省委宣传部、广东广播电视台、广东卫视文化传播有限公司等联袂制作出品的电视连续剧《珠江人家》，一经播出便引发热烈反响。中国视听大数据显示，《珠江人家》播出首周黄金时段电视剧收视率就突破了2%，在网上更是引起了观众的广泛讨论。该剧以1927—1950年为时代背景，用细腻入微的笔触深入描绘岭南风土人情，讲述陈山河、陈卫、陈立夏三兄妹被迫离散后从失散、寻找、团聚的壮美故事，传递出粤文化的积淀历史和精神追求。

这部电视剧缘何如此成功？离不开创作者的精心构思。《珠江人家》开创性地将岭南文化中极具代表性的粤中医药、粤菜、粤剧三大行业相关元素相交融，以国民革命和抗战为历史背景，以陈家三兄妹的家门变故和成长轨迹为主线，展示岭南的历史文化积淀，弘扬红色文化，带给观众不一样的年代传奇体验。

广东省在近代革命战争史中有诸多红色文化资源可供挖掘，如广州起义就是"中国无产阶级建立苏维埃政权之英勇的尝试"[①]，建立了中国第一个城市苏维埃政权——广州苏维埃政府，这就是《珠江人家》开篇的重要历史背景。剧集开篇便刻画了陈家的灭门惨案，以悬疑色彩吸引观众眼球。随着剧情的推进，观众可以知道，被灭门的就是主角父母——佛山地下党员陈煜卿、谢大雪夫妇。在1927年四一二反革命政变后，国民党反动派大肆屠戮共产党员和与其有关联的群众，陈家因为保护地下党员转移而被杀害，由此陈家三兄妹才开始流亡。大哥陈山河被何记生药铺掌柜何玉良收徒，何玉良则因为被怀疑给在广州起义斗争中受伤的共产党员治伤，而被反动派残忍杀害。这直接迫使陈山河必须迅速成长，担起药铺的重任。

在情节刻画上，人物命运与历史事件紧密相连；在人物塑造上，陈家父母的大义、地下党员的勇敢以及无辜群众遭受的苦难都与反动派的残忍狠毒形成鲜明对比。可以说，从一开始陈氏兄妹的家恨就同革命与反革命的较量相交织，历史时代之变与人物命运之变息息相关。该剧创新性的架构和讲述小人物在大历史中的成长故事，以一家之视角深刻解读了"个人命运与国家命运""岭南人的成长史与广东近现代革命史乃至中国近现代史革命史"之间的息息相关，贯彻了弘扬正气的历史观，又具有浓厚的地方人文气息，主题的高立意和故事的

---

① 出自1928年2月25日通过的《共产国际执行委员会第九次扩大会议关于中国问题的决议案》。

烟火气实现了高度融合。

无疑,《珠江人家》所具有的深厚传统文化内涵、鲜明美学风格、浓郁地域特色,以及展现出的思想性、艺术性和观赏性,都令观众回味悠长。不仅于此,类似的优秀作品的意义更在于,它为挖掘出粤港澳大湾区更具传播力的文化符号形态进行了积极探索,作出了卓越贡献。

(二)积极向外传播,推动文化交流互鉴

广东与世界,文化交流正变得更加频繁。

2024年伊始,龙年再至,万象更新。被誉为"中华战舞"的英歌舞再次"出圈",更破圈"出海"。

在中国驻英国大使馆支持和伦敦华埠商会的邀请下,普宁英歌亮相英国伦敦"欢乐春节"系列活动。在伦敦街头,随着鼓点落下、棒槌敲响,广东普宁南山英歌队酣畅淋漓的英歌舞表演,吸引了70万人现场围观,让当地市民沉浸式体验中国文化。

当地时间2月10日,正值大年初一。在英国百年地标伯灵顿拱廊,普宁南山英歌队首次亮相,进行了一场精彩纷呈的快闪表演,给海外华侨及外国友人们送上新春祝福。紧接着,在当地时间2月11日大年初二,在英国伦敦"四海同春"新春庆典上,普宁英歌《英歌雄风》作为第一个节目出场,再次展示英歌风采。

英歌是广东潮汕地区的一种民间舞蹈,距今已有300多年历史。在潮汕地区,英歌是逢年过节必不可少的项目,在2006年,普宁英歌被列入第一批国家级非遗代表性项目名录。英歌舞的基本动作是舞棒,双脚成骑马蹲裆步,提腿向横跃动,双手随锣鼓节奏上下左右对击木棒,头和身体随之自然晃动,配合锣鼓点和吆喝,边走边舞,表演气势豪壮,气氛浓烈,主要阵列有"下山打

探""兴师出战""急水渡泊"等。

2023年12月22日，联合国大会通过决议，将春节正式定为联合国假日，这意味着"中国年"升级为"世界年"，是中国的传统文化在世界舞台的一次重大飞跃，象征着中华文明在国际社会的影响力不断增强。在此背景下，这是广东人第一次到欧洲表演英歌舞，演出现场人山人海，围观的群众掌声不断，无数海外友人鼓掌点赞，让世界更多人知道英歌、学习英歌，让世界更加领略了岭南文化的精气神。

在广东普宁，英歌队一直努力与当地的小学合作，以传帮带的形式推动英歌文化进校园。在普宁，几岁的小朋友也主动来学英歌，这一文化形式将一代一代传递弘扬下去。如今，英歌舞已经火遍广东全省，此次广东选派英歌队出国交流演出，是非遗服务大国外交，共享人类文明的生动见证，不仅对外宣传展示了传统非遗的独特魅力，更向世界彰显了中国文化的丰富多元和兼容并蓄，在舞动中国年里与世界人民一起恭贺新春佳节，共享节日美好愿景。

诸如此类的文化交流盛况，不胜枚举。

目前，广东已与120多个国家和地区建立了文化联系，出境文化团（组）多达1000多批、20000多人次，居全国前列，成为实施中华文化"走出去"战略的主力省。同时，还先后在多个国家和地区举办了"广东文化周""广东文化丝路行"等活动。一个充满活力、充满底蕴、充满热情的广东正展现在全世界朋友们的面前。

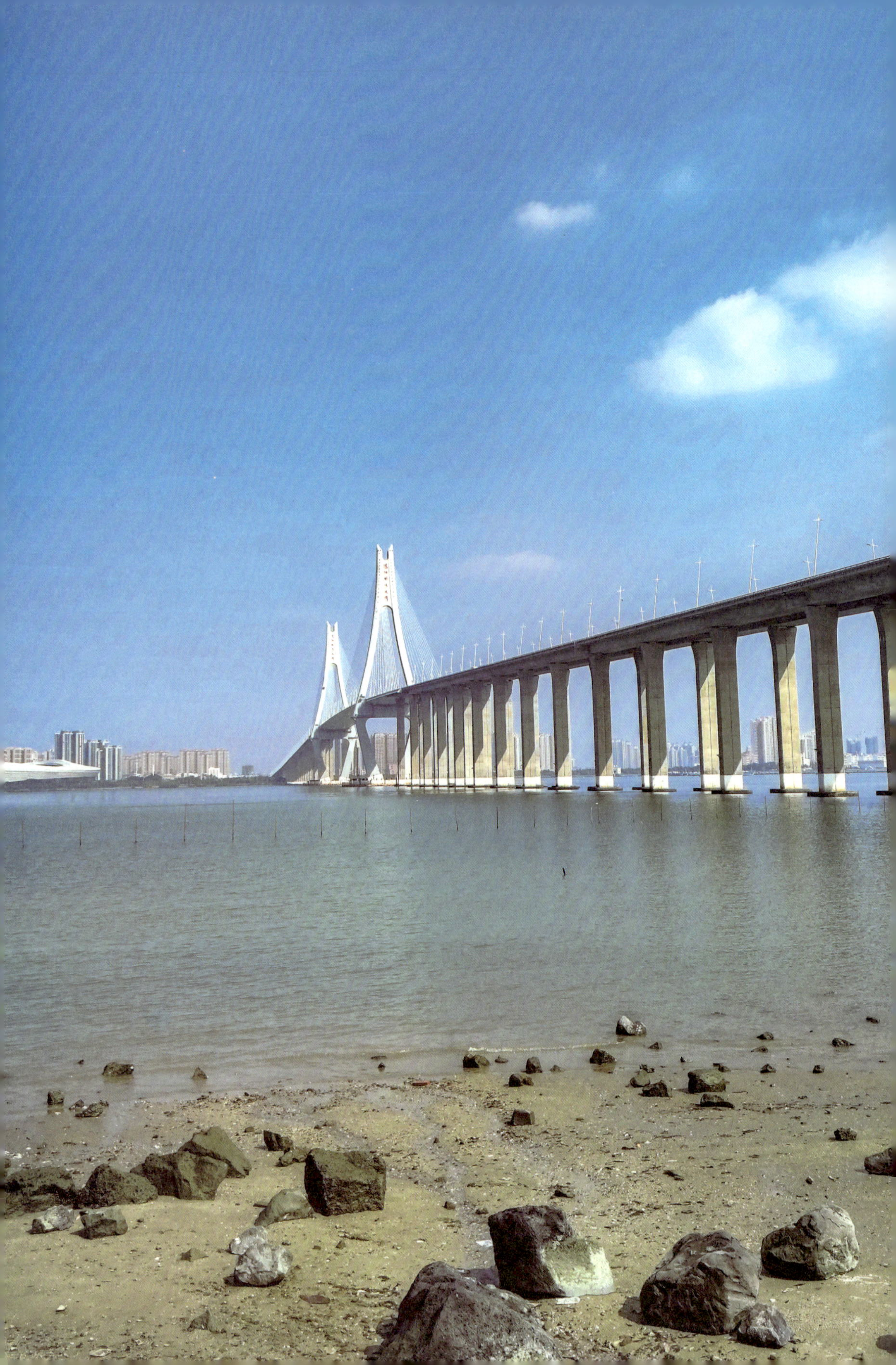

第四章

绿美样板
促进人与自然和谐共生

　　生态兴则文明兴，生态衰则文明衰。建设生态文明是千年大计，功在当代，利在千秋。党的二十大报告指出："中国式现代化是人与自然和谐共生的现代化。"明确了我国新时代生态文明建设的战略任务，总基调是推动绿色发展，促进人与自然和谐共生。2023年4月，习近平总书记在视察广东时强调，要坚持绿色发展，一代接着一代干，久久为功，建设美丽中国，为保护好地球村作出中国贡献。这些重要讲话和重要指示，饱含对美丽中国建设的深远考量，也为绿美广东生态建设指明了前进方向。

先行南粤

一、打造"双碳"引擎,构筑绿色生活

绿色,常被喻为生命色、自然色。绿色发展,从根本上说就是要实现人与自然的和谐共生。人类必须尊重自然、顺应自然、保护自然,破坏自然就是搬起石头砸自己的脚,最终伤及的是人类自身。早在100多年前,恩格斯撰写的《劳动在从猿到人的转变中的作用》告诫人们,不要过分陶醉于人类对自然界的胜利,对于每一次这样的胜利,自然界都对人类进行报复。一个多世纪以来,无数的环境事件深刻印证了这个警示。

广东省始终坚持以习近平生态文明思想为指导,高水平谋划推进生态文明建设,不断将"绿美"绣入发展蓝图。无论是审议通过《中共广东省委关于深入推进绿美广东生态建设的决定》,还是在《关于新时代广东高质量发展的若干意见》中提出将生态文明建设融入全省改革发展全过程各领域,抑或在省委"1310"具体部署中明确提出广东"要深入推进绿美广东生态建设,在打造人与自然和谐共生的现代化广东样板上取得新突破",这些都充分展示了一个经济大省的"绿色担当"和广东高质量发展的底色。

(一)降碳——积极稳妥推进碳达峰碳中和

实现碳达峰碳中和,是以习近平同志为核心的党中央统筹国内国际两个大局作出的重大战略决策，是着力解决资源环境约束突出问题、实现中华民族永续发展的必然选择，也是构建人类命运共同体的庄严承诺。习近平总书记强调，实现碳达峰碳中和，是贯彻新发展理念、构建新发展格局、推动高质量发展的内在要求。党的十八大以来，广东把绿色低碳和节能减排摆在突出位置，能源利用效率大幅提升，二氧化碳排放强度持续下降，一大批以低碳为目标的新业态源源不断地出现。作为全国首批低碳试点省份，"十四五"时期，广东还将以更大力度推进绿色能源发展，推动实现"双碳"目标。

围绕"双碳"目标，广东逐步完善政策体系。2021年12月，广东明确到2035年率先建成绿色低碳循环发展经济体系。2022年，广东省出台了《中共广东省委　广东省人民政府关于完整准确全面贯彻新发展理念推进碳达峰碳中和工作的实施意见》《广东省碳达峰实施方案》。此后，能源等细分领域实施方案也相继出台，逐步构建"1+1+N"政策体系，为广东产业的绿色发展勾勒出新框架。

推动绿色金融发展则是实现"双碳"目标的重要举措。立足"绿色要素定价平台、绿色金融基础设施"目标定位，围绕党中央"2030年前实现碳达峰、2060年前实现碳中和"的战略任务，自2010年开始，广州碳排放交易所（以下简称广碳所）、深圳排放权交易所相继成立，广东碳交易市场正式启动。

作为大湾区唯一兼具国家碳交易试点和绿色金融改革创新试验区试点的双试点机构，广碳所积极践行绿色发展理念，深耕环境权益交易业务、绿色金融业务、碳中和业务领域，充分运用市场化手段推动绿色产业高质量发展，为建设美丽湾区、助力"双碳"目标汇聚绿色能量。截至2023年8月初，广碳所累计成交碳排放权29827.58万吨，累计成交金额67.89亿元，累计成交量和累计成交金额均为全国各试点区域碳市场第一。二级市场碳配额现货年交易量自2019年起超过同期欧洲能源交易所，于2020年超过同期韩国交易所，位居世界前列，是目前我国最大、最成熟、交易最活跃的区域碳排放权交易机构。

电力、钢铁、石化、水泥、造纸、航空六大行业的高排放企业碳排放量占广东省碳排放总量约 70%。通过参与碳交易，在碳市场控排企业 2019 年和 2013 年企业边界一致的前提下，碳交易的电力、水泥、钢铁、石化控排企业排放量实现了绝对量减排，减排幅度达 12.3%，有效减缓了第二产业排放总量的上升。碳交易机制的实施对落后产能造成更大的成本压力，推动落后企业逐步退出市场。自纳入碳市场以来，已有 66 家落后企业关停、停产或降产至控排门槛以下，该类企业年排放量规模达 1480 万吨。碳市场机制的实施有效促进了广东实现淘汰落后产能、节能减排的目标。

广碳所践行"绿水青山就是金山银山"理念，坚持脱贫攻坚与生态保护并重，在加大贫困地区生态保护力度的同时，增加重点生态功能区的生态补偿，不断扩大碳市场的生态补偿政策实施范围，为粤东西北地区有劳动能力的贫困群众开展护林、巡林等生态保护提供激励和补偿。2018 年，在花都区的大力支持下，花都区梯面林场公益林碳普惠制项目成功实施，为实现生态保护和价值实现的良性循环提供了样本，开启了广东碳普惠项目交易的序幕。

广碳所还依托碳普惠制开展碳普惠项目开发和核算，逐步向贫困地区、少数民族地区、革命老区等地区倾斜，全面开展广东省碳普惠制核证减排量（PHCER）交易，特别是以林业、分布式光伏为代表的碳普惠核证减排量，高于碳排放配额同期成交价，体现了社会对于 PHCER 公益性质的认可及参与乡村振兴的积极性，有效助力重点地区的乡村振兴。截至 2023 年 6 月 30 日，广东碳市场 PHCER 累计成交量 538.50 万吨，成交金额 1.245 亿元；累计备案签发碳普惠项目 184 个，签发 PHCER 达到 194.83 万吨。为项目业主创收 4245.98 万元，为贫困村、革命老区、民族地区带来直接经济收益约 2466.66 万元，为林业碳汇项目业主创收 3924.98 万元。

随着广东碳市场的建立和完善，越来越多的行业领域加入到以碳排放权交易为基础的金融创新中，称为"蓝碳"的海洋碳汇就是其中之一。2023 年 9 月

26 日,全国首单红树林保护碳汇拍卖顺利在深圳拍出,以每吨蓝碳价格 485 元创历史新高,这意味着广东碳汇交易探索再进一步。

(二)减污——深入推进蓝天、碧水、净土三大保卫战

良好的生态环境是最普惠的民生福祉,广东持续深入打好污染防治攻坚战,坚持精准治污、科学治污、依法治污,强化源头预防和责任追究,让生态环保法律制度"长出牙齿",深入推进蓝天、碧水、净土三大保卫战,持续改善生态环境质量。

广东持续深入学习贯彻习近平生态文明思想,切实担负起生态文明建设的政治责任,全省空气质量提升、河流重焕生机、土壤风险可控,山川河流、蓝天绿地上演了一场"易容术""变形记"。2018 年,广东打响污染防治攻坚战,将生态文明建设融入全省改革发展全过程各方面,努力夯实美丽广东根基。2020 年底,广东高质量完成全部 9 项生态环境约束性指标和各项攻坚硬任务,污染防治攻坚战考核结果获评"优秀"等级。2021 年起,广东转入深入打好污染防治攻坚战新阶段,蓝天、碧水、净土保卫战取得新突破。

广东在大气治理方面,在全国范围率先转向"以臭氧污染防控为重点、臭氧和 $PM_{2.5}$ 协同控制"的新目标,在精准、科学、依法治污上探索出新路子。2018 年,广东优化交通运输结构,加快公交车电动化步伐,珠三角公交车全面实现电动化,不断降低氮氧化物排放量。同时,全省大力发展风电、太阳能等清洁能源,非化石能源占一次能源消费比重日益提高,推动二氧化碳、污染物排放稳定下降。此外,全省各地因地制宜治理 $PM_{2.5}$,佛山在全国首创黑烟车限行抓拍扣分处罚、广州关停多台燃煤发电机组等,有效治理空气污染。随着广东空气质量提升,臭氧作为空气首要污染物的问题日益凸显。为此,广东探索出突出减排、狠抓重点、精准降超、应急削峰、省市联动、区

域联治、专班指导、探索示范的治理新思路，创新"监督指导＋专家帮扶"机制，整合院士专家团队建立广东省大气污染防治"硬任务"攻关攻坚中心，并统筹协调5家科研单位团队驻点帮扶重点地市。得益于精准的源头治理，到2021年底，全省大气6项主要污染物指标连续7年达标，空气质量（AQI）达标率达94.3%，$PM_{2.5}$年均浓度达22微克／立方米，全国省域排名第三。

广东全面实施河长制、湖长制，省委、省政府主要领导分别担任省第一总河长、省总河长，并担任省污染防治攻坚战第一总指挥、总指挥，挂点督战污染最重的茅洲河、练江，带动全省形成众志成城的攻坚态势。全省8万余名五级河（段）长广布各地市、县区，横跨多个职能部门，破解"九龙治水"难题。在治水一线，国企、省企成为治水"主力军"，一批环保工程迅速铺开，通过"大兵团"作战超常规补齐治污设施。在茅洲河，深圳以"一切工程为治水让路"的决心推进，高峰期施工作业面1200余个，东莞段最高峰时段作业面360余个。在练江，汕头段高峰期流域内一线施工人员达9000余人。同时，多地深入社区、镇村下"绣花"功夫，推进雨污分流，从源头截住污水。在聚力解决存量污染的同时，广东多措并举从源头防控增量污染，通过成立省市县三级生态环境保护委员会，"零容忍"打击生态环境违法行为，"三线一单"分区管控、生态损害赔偿、污染举报重奖等一系列长效机制不断健全，政府、企业、群众共建共治共享格局日益形成。诸多治理策略下，多条污染河流取得转折性成效。到2020年底，全省9个劣Ⅴ类国考断面全部清零。2021年，治水效果继续凸显，149个地表水国考断面水质优良率达89.9%，近岸海域水质优良面积比例达到90.2%。而曾经影响群众生活品质的黑臭水体，经过全力治理也得到根本性改善，目前列入国家整治清单的527个黑臭水体基本消除黑臭，一条条河流成为市民休闲的好去处。在农村，随着生活污水治理纳入全省民生实事任务，各地因地制宜建起处理设施，全省超7000个自然村新增污水治理，农村环境日益改善。

广东高度重视土壤污染防治工作，以预防为主、保护优先、风险管控为总体思路，以让老百姓"吃得放心""住得安心"为工作目标，以补短板为首要任务，多部门协调联动，打响打好"净土保卫战"，顺利完成受污染耕地安全利用率和污染地块安全利用率"双90%"任务，初步遏制土壤污染加重趋势，土壤环境质量总体保持稳定。一是土壤防治体系逐步构建。广东建立健全省级土壤污染防治法规标准体系，出台1项省级法规，发布9项标准，印发规划或方案10余项，中央和省级累计投入专项资金24.3亿元，政策、资金和技术支撑不断强化。二是土壤污染家底逐渐摸清。对全省3.2万个农用地点位和9963家重点行业企业土壤污染状况进行了调查，初步查明广东农用地土壤污染的面积分布及其对农产品质量的影响，掌握了重点行业企业用地潜在环境风险情况。三是农用地分类管理稳步推进。完成耕地土壤质量类别划分，实施分类管理，推进受污染耕地安全利用示范，受污染耕地安全利用措施到位率100%，农产品监测达标率90%以上，全面完成国家下达的目标任务。四是建设用地安全利用严格监管。建立部门联动机制，依法依规对3000余个地块开展调查，将54个地块列入建设用地土壤污染风险管控和修复名录，强化土壤污染风险管控和修复活动监管和执法，广州、深圳在建设用地安全利用监管方面走在全国前列。五是土壤污染源头防控不断加强。排查整治重金属行业企业、固体废物堆存场所，将565家企业列为土壤重点监管单位，重点行业的重点重金属排放量明显下降，化肥农药使用量零增长行动成效明显。

（三）扩绿，以更大力度植绿护绿

习近平总书记2023年视察广东期间，专门察看红树林，强调这是"国宝"，要像爱护眼睛一样守护好。这就要求我们增强广东"含绿量"，要让绿色成为广东高质量发展的底色。

先行南粤

早在 20 世纪 80 年代，广东党员干部和人民群众在"造林书记"林若同志的带领下，全省的绿化工作迅速推进开来，到 1991 年的时候，已经取得了突出的成绩，获得了国家相关部委的大量褒奖。1993 年时，"五年消灭荒山，十年绿化广东大地"的战略目标已经基本实现，这为"绿美广东"建设打下了坚实的基础。

目前，广东森林覆盖率已达 53.03%，全国各省区排名第五，野生动植物物种数量位居全国前列，是我国生物多样性最丰富的省份之一。在绿美广东生态建设的引领下，广东提出到 2027 年底率先建成国家公园、国家植物园"双园"之省。广东正在全力创建南岭国家公园、丹霞山国家公园，高标准建设华南国家植物园，全力推进深圳"国际红树林中心"和国家林草局穿山甲保护研究中心建设，持续提升生物多样性保护水平，推动构建人与自然生命共同体。

近年来，广东按照"九核、多点、两屏、三网"的空间布局，通过建设多类型的公园体系，扩大公园服务半径，建设生态屏障、绿色生态水网，打造类型多样、互联互通的生态廊道网络，全方位推进珠三角森林城市群建设。目前，广东省已有 14 个市获得"国家森林城市"荣誉称号，27 个县级城市加入了国家森林县城创建行列，其中，韶关、茂名、梅州、阳江、潮州、汕尾 6 市提出全域创建国家森林县城。另外，全省已建成森林小镇 175 个，国家森林乡村 440 个，省级森林乡村 622 个。

当前，广东森林质量仍有提升空间。为推进绿美广东生态建设，广东还开展了森林质量精准提升行动。优化重要生态区域低效林的林分结构，持续改善林相，提升林分质量。2023 年初，广东发布了第 1 号总林长令——《关于全面实施绿美广东生态建设工作的令》，提出 2023 年广东要完成林分优化提升 200 万亩、森林抚育提升 200 万亩。仅半年，广东省已完成林分优化提升 200.27 万亩，超额完成全年林分优化提升目标。森林抚育提升 156.78 万亩，完成全年目标的 78%。扩绿成效明显。

目前，广东红树林面积已达 10651.25 公顷，占全国红树林面积的 39.3%，居全国第一。2020 年 8 月以来，广东累计营造和修复红树林分别达 1732.03 公顷和 1727.80 公顷。根据已经印发的《广东省万亩级红树林示范区建设工作方案》，到 2025 年，广东将在江门台山镇海湾、湛江雷州沿岸、湛江徐闻东北海域、惠州惠东考洲洋创建 4 个万亩级红树林示范区，新营造和修复红树林面积预计将超 4.4 万亩。

二、建设青山绿水共为邻的城市

生态文明建设是中华民族永续发展的千年大计,中国式现代化是人与自然和谐共生的现代化。生态绿美城市建设是人类探索与自然和谐相处聚居模式的智慧选择,也是实现我国城市可持续发展的长远战略选择。

近年来,我国许多省市积极开展了生态城市建设实践,在城市空间、环境、产业、建筑、交通、能源等方面进行了有力的生态探索,取得了良好的阶段性成果,涌现出一批花园城市、绿色城市、园林城市、山水城市、健康城市。这些都是生态绿美城市探索过程中不同的类型,其本质都是追求人与自然和谐相处的人居环境。在生态绿美城市建设过程中,应深刻理解生态城市的内涵是自然、社会、经济相互依赖的复合生态系统,也就是环境友好、社会公平、经济发展的可持续性要求。

广东在生态绿美城市建设方面长期走在全国前列,始终坚持以规划为先,城乡统筹的思路,通过全面的生态战略部署,积极颁布一系列的政策和纲要文件,引导全方位的生态决策和建设实施工作。

(一)广州为绿美广东起示范带头作用

"建设出新出彩的中心型世界城市"是广州面向 2049 的城市发展战略研究

的总体愿景。瞄准"排头兵、领头羊、火车头"的高标准追求，广州在全球城市网络的作用力上要加快实现从地域性向全球性转变，从门户节点向核心枢纽转变，只有这样才能在全球城市体系中提高显示度，才能称之为世界城市，才能更好地回答"老城市新活力"的时代命题。

中心型世界城市在保障安全和韧性发展的前提下，一定要有优质的生态环境、优美的生态景观，生态建设也要出新出彩。此外，广州作为广东省会，更要为绿美广东起示范带头作用，形成广州样板。

广州"天生丽质"，自然生态基础很好，独特的地理条件成就了广州"花城"称号。放眼广东，北有巍巍南岭，南濒浩浩南海。广州位于广东地理核心位置，在广东"三屏五江多廊"的生态安全格局中地位重要。广州不仅气候宜人，资源要素也十分丰富，山水林田湖海齐备，构成了山海相融、四季常绿、鲜花繁盛的美景。

1. 一线城市核心最大的湿地"绿心"

广州海珠国家湿地公园（以下简称海珠湿地）位于广州市中心南部的海珠区，占地面积1100公顷，是一个集水生生态、风景名胜和湿地科普于一体的综合性公园，是我国特大城市中心区面积最大的国家湿地公园。由于其地理位置处于广州市的中心区域，因此被称为广州"绿心"，也被誉为"南方绿地明珠"。

广州"绿心"的形成历史可以追溯到20世纪90年代。当时的海珠湖地区还是一个以农业和渔业为主的区域，环境状况较为恶劣。为了改善这一状况，广州着手建设海珠湿地。经过多年的努力，将其打造成为广州市民休闲、观光和科普的重要场所。

海珠湿地是全国超大型城市中罕有的"城央湿地"，也是候鸟迁徙的重要通道，通过十年的不断探索与实践，海珠湿地总结出一套具有城央湿地特色的生态修复模式，并在2023年2月成功入选国际重要湿地名录，向世界展现人与自然和谐共生的理念。公园内拥有广阔的湖泊、河流、水塘等水域，以及丰富的植被和野生动物。截至2023年1月，海珠湿地鸟类种数从72种增加到187种，是原来的2.6倍，昆虫种类从66种增加到738种，鱼类从36种增加到64种，生物多样性水平不断提升。这些自然元素共同构成了一个完整的生态系统，为市民提供了一个难得的亲近自然的机会。此外，公园内还有许多风景名胜和历史文化遗址，如古老的祠堂、寺庙、民居等，为游客提供了丰富的文化体验。

海珠湿地在城市发展和生态保护之间找到了一个平衡点。在满足市民休闲和观光需求的同时，也注重保护湿地生态和野生动植物的栖息地。通过科学管理和合理规划，公园成功地实现了人与自然的和谐共处，也为城市居民提供了一个健康、宜居的生活环境。

海珠湿地作为一个国家湿地公园，具有很高的保护价值和科普意义。它不仅为市民提供了休闲娱乐的场所，还是一个进行环境教育和科学研究的重要基地。通过开展各种科普活动和环境教育项目，公园有助于提高公众对湿地生态和环境保护的认识和意识。

2. 云山珠水生态廊道提升城市品质

云山叠翠，珠水流光。广州坐拥云山珠水，形成了"山－城－水"的山水格局，也是城市生态的底蕴所在。

2018年3月全国两会期间，习近平总书记参加全国人大广东代表团审议时指出，要增强发展环境的吸引力和竞争力，提高绿色发展水平。近年来，沿着习近平总书记指引的方向，广州牢记嘱托、实干笃行，纵深推进大规模迁移砍伐城市树木问题整改，抓住华南国家植物园建设机遇，坚持生态优先、绿色发展，构建绿美广州生态新格局，让广州的天更蓝、山更绿、水更清、生态更优美。

全面实施绿化美化和生态建设工程，是广州肩负的重要任务，更是广州实现绿色高质量发展模式的重要保障。近年来，广州深入实施美丽宜居花城战略，积极推进珠三角国家森林城市群建设和粤港澳大湾区生态绿化城市联盟，稳步实施绿美广东行动计划、新一轮绿化广东大行动、森林城市品质提升计划、公园与道路绿化品质提升行动，形成森林围城、绿道穿城、绿意满城、四季花城的绿色生态格局。

2022年，广州$PM_{2.5}$全年天天达标，平均浓度22微克/米^3，再创新低，继续在国家中心城市中保持最优；全市147条黑臭水体在全部消除黑臭的基础上，治理成效持续巩固、水岸环境持续提升，20个国省考断面水质全部达标；累计建设碧道超1000公里，大沙河碧道荣获国际风景园林联合会亚非中东地区奖。全长8公里的云道将中山纪念堂和白云山连接起来，将羊城的山和水串联起来，云道、绿道、碧道等生态廊道遍布全城，人们在蓝天白云下、青山绿水间游玩、锻炼，真正享受到了良好生态环境带来的民生福祉，实现经济效益、社会效益、生态效益整体提升。

如今，行走在花城道路上，风貌品质让人难忘；漫步在森林廊道中，可观赏郁郁葱葱、枝柳刚韧，全市累计建成生态景观林带728公里；沿路江湖河道，生态幸福水岸空间绵延不断，全市建成碧道609公里；走进老街小巷，城市记忆回味无穷，老旧小区改造完成799个；穿梭循环经济产业园，科技力量助力城市治理，全市焚烧和生化处理总设计能力达到了3.9万吨/日。广州已经逐渐构建了健康稳固的绿色生态基底，逐步形成广州特色的城市空间，让人们享受更加美好的人居环境。

站在新的起点上，广州高水平建设绿美城市，推动生态环境优势转化为高质量发展优势，谱写老城市新活力、"四个出新出彩"的绿美新篇章。

（二）绿美"九大行动"建设宜居宜游新珠海

过去40余年，珠海生态建设一直走在全省乃至全国前列。从开先河于全国率先提出环境保护"八个不准",到率先通过《珠海市环境保护条例》,珠海始终坚持贯彻习近平生态文明思想,逐渐发展成为珠三角地区生态环境最好、土地开发强度最小、低端产业集聚最少、人口密度和素质最均衡的城市之一。

2023年1月,中共珠海市委九届五次全会审议通过了《中共珠海市委关于深入推进绿美广东生态建设珠海实践的实施意见》(以下简称《意见》),提出实施绿色版图扩增、森林品质精准提升、城乡协同绿美提升、绿美保护地提升、海岛生态质量提升、生态修复、绿色通道品质提升、古树名木保护以及爱绿植绿护绿"九大行动",构建绿美珠海生态建设新格局,建设宜居宜游新珠海。

《意见》明确,珠海2027年将完成林分优化提升4.01万亩,森林抚育提升2.34万亩,城市建成区绿化覆盖率不低于46.5%;同时完成海岸线修复长度15公里,历史遗留矿山修复不少于1000亩,新营造红树林不少于8000亩。到2035年,珠海城市建成区绿化覆盖率将不低于47%。

2022年珠海共完成低效林改造7000余亩,新造林抚育逾7000亩,完成封山育林5000多亩,超额完成广东省下达的任务。与此同时,珠海完成1713亩高质量水源林、金湾区红旗镇大林山生态公园8.6万平方米项目建设,修复海天公园沙滩等城市海岸线1067米,完成东澳岛东澳湾整治,公众亲水空间得以拓展,生态空间更为山清水秀,交出了一份亮丽的"绿色答卷"。

1. "一长两员"源头管护,森林保险保障绿水青山

2021年起,珠海着力构建高规格四级林长体系。市、区、镇(街道)设立第一林长、林长和副林长,分别由党委、政府主要负责人和有关负责人担任;各村(社区)设立林长和副林长,分别由村(社区)党组织书记、村(居)委会主任和有关委员担任,全面夯实党委和政府主体责任、属地管理责任、部门协同配合责任。实施方案中,珠海还明确提出高标准配备基层护林员,完善基层林长+监管员+护林员的"一长两员"源头管护体系。

如今，林长制已成为珠海造林绿化工作顺利开展的重要保障。珠海市自然资源局相关负责人介绍，林长制推进以来，珠海通过召开造林工作推进会，不定期开展督导调研，积极协调解决各区造林工作中存在的问题。2021年，珠海森林督查违法图斑查处整改率达100%，2022年森林督查违法图斑大幅减少。

古树名木是公认的绿色"文物"和化石，是城市生态文明的重要载体。林长制全面推行后，珠海登记在册的1623株古树名木全面落实管护责任。2022年，"唐家湾共乐园古树群"荣登"广东十大最美古树群"榜首。

以林长制为抓手，珠海还制定了森林保险实施方案，对全市生态公益林实行区域统保，商品林实行自愿投保。目前，珠海政策性森林保险已覆盖62万亩林地，占珠海林地面积的91%，森林风险保障金额超6亿元，有力保障了商品林经营者经济利益。

2. 加快绿色转型发展，打造低碳产业新图景

2022年1月，珠海把"打造'美丽中国'珠海实践"写入政府工作报告，通过全面梳理"十四五"期间"补短板""利长远""惠民生"项目，突破性出台广东首个美丽中国地方实践项目五年实施方案，为珠海全面提升环境质量、环境容量与产业发展承载力指明方向。

一系列行动正在各个领域落地生根：启动"污水零直排"示范园区等美丽园区建设，以集约高效的生产空间助力产业集聚、项目招引；有序推进新一轮"美丽家园"建设，推进城镇老旧小区改造，桂山镇、莲洲镇等特色镇着力打造乡村振兴示范样板；"宁静香洲"城市噪声污染信息化管理系统项目启动首期试点建设。

对一座现代化、国际化大都会而言，"绿"意味着清新的空气、精致的口袋公园、推窗可见的绿色园林，还有碧绿清澈的河湖浅滩。

数据显示，2022年珠海推动移动源管理，充分运用9个遥感监测点位监测柴油车超过 125 万辆次，共处罚黑烟车闯禁行区 141 宗。加大入河入海排污口整治力度，珠海共排查岸线 780 公里，完成比例 100%。推进公园建设，珠海通过多渠道资金投入，为各行政区探索建设 2~3 个"口袋公园"。截至目前，珠海公园数量已突破 700 个，到 2035 年，珠海还将打造 10 处生态公园。

绿，还意味着逐步提升与高科技含量、高附加值等新兴产业的匹配度，产业"结缘"更显"门当户对"。

2022 年 3 月，珠海成立"产业第一·生态铁军"党员突击队，主动靠前服务，积极推动欣旺达动力电池重点项目落地；畅通政企沟通渠道，走访金鸿药业股份有限公司、奈电软性科技电子（珠海）有限公司、珠海华宇金属有限公司等重点企业；与珠海桂山海上风电场新型大容量机组测试项目相关负责人面对面座谈，了解项目在环评审批过程中的难点堵点……从陆地到海上，汇聚成服务"产业第一"的绿色合力。

生态优势积蓄的"绿色势能"正在珠海喷薄而出，绘就一幅高质量发展的"绿景图"。

（三）山林海相依，绿满中山城

远古时期曾被伶仃洋环绕的香山海岛，让今日的中山继承了密布的河涌，天然就具备着建设"海绵城市"的亲水条件。水系可划分为平原河网和低山丘陵河网两个部分，平原地区河网深受南海海洋潮汐的影响，具有典型河口区特色；南部水系与以五桂山为代表的山地丘陵相融，使得五桂山、三乡等地多以"山水"之色闻名于湾区。

从 1996 年被评为"国家园林城市"、1997 年捧回"联合国人居奖"，到 2018 年被评选为"国家森林城市"，中山总是与"宜居""精致""小而美"等描述相关联。拥有绿美的先天优势，中山持续施行打造绿美的行动。特别是随着

《绿美中山生态建设实施方案（2023—2027年）》以及绿美中山生态建设"七大行动"的提出，曾以生态环境"火"出湾区的中山，进入新一阶段的绿美攻坚中。

1. 从"万棵榕树进乡村"到古树名木上保险

树，是一座城市构建绿美的最直观载体。

对于中山市而言，榕树与这座城市结下了深厚的情怀。中山的榕树种植历史悠久，并且在全市城乡分布广泛，全市现有在册古树中，榕树类树木占比60%。中山最老的榕树树龄有440年，是二级古树，不仅见证了村落、城市的发展，还承载了乡愁记忆。

2023年，中山出台《绿美中山生态建设实施方案（2023—2027年）》，提出了绿美中山生态建设"七大行动"，其中便包含以"万棵榕树进乡村"植树活动为代表的"全民爱绿植绿护绿行动"。据统计，2023年上半年，中山全市开展了343场植树活动，种植约8.4万株绿化苗，其中包含5268株榕树，营建了16片"绿美中山林""林长林"等主题林。

一头是植，一头是护。"七大行动"中，也包括了"古树名木保护提升行动"，建立古树名木保险机制。

2023年7月，中山市沙溪镇涌边村一株630岁古樟树"上保险"的新闻"出圈"了。不只是这棵古树，同批的有20棵古树都上了保险，另外13株一级和二级古树也在2023年内全部"上保险"。

为植物购买商业保险，为绿美中山、绿美广东的推进打开了市场化风险分担的思路。除了古树名木，中山已有38万亩公益林参加政策性森林保险，保险费总额为91.5万元，保额为4.57亿元。

2. 河长治河，林长护林

绿美的长久存续，离不开动态的、长期的对绿美的维护。过去，中山曾因水污染问题被中央通报,"治水"成为中山全市上下关注的焦点,"接续推进水环境治理"也成为 2023 年中山市十件民生实事之一。

"接续"一词,可见"治水"永远在路上。稍有懈怠,今日重返清澈的河涌可能又会在明日再现黑臭,继而影响市民的生产生活。

随时可能变化的状况,需要以成熟的机制加以应对。中山在 2022 年创新实施了"河长+治水"机制。一方面,全市以政府令的形式印发了《中山市河道管理办法》,以签发市级河长令的形式印发了《中山市排水许可证核发攻坚方案》,为河长制提供坚实的法治保障;另一方面,中山积极修订了河湖长制工作考核办法,出台了河湖长制年度考核方案和水污染治理专项考核,明确了水污染治理在河长考核中占比 50%,以此进一步健全奖补问责机制。

不仅河要有河长,林也要有林长。对此,中山全面推行了"林长制",并建立季度督查机制,实地检查绿美中山生态建设、林长制落实情况,将督查情况予以通报警示,并作为林长制(绿美中山)年度考核依据。据统计,中山全市目前已建成市、镇、村三级林长制组织体系,设立三级林长共 831 名,其中,设立市级林长 9 名、镇村级林长 822 名,监管员 186 名,划定 97 个网格区,2022 年以来累计完成巡林、巡查超 1.6 万人次。

2023 年,中山全市林分优化项目完成种植超 8000 亩,超额完成广东省下达的任务;森林抚育完成 12471 亩,省任务完成率达 92%;完成红树林营造修复 757 亩……不断增长的数字,也是不断贴近的人与自然的融合度。全域面积仅约 1800 平方公里的中山,其空间虽有限,绿美的创造却永无止境,因为城市时刻处于发展之中,高质量发展的逻辑总是与绿美生态相绑定。

三、推进宜居宜业和美乡村建设

广东省通过实施乡村建设行动,加快完善乡村基础设施和补齐公共服务短板,进一步提升农民群众生产生活条件。加强乡村建设顶层设计,建立乡村建设推进机制,深入实施农村人居环境整治提升五年行动,推动共建宜居宜业和美乡村,引领乡村发展"美丽蝶变"。截至2023年,全省农村卫生无害化户厕普及率达96%以上,农村生活垃圾"村收集、镇转运、县处理"收运处置体系基本建立,全省村内道路硬底化率达到85.6%,90%以上村庄达到了干净整洁村的标准,已建成森林乡村94个、绿美古树乡村37个、绿美红色乡村45个。

中共广东省委办公厅、广东省人民政府办公厅印发《广东省乡村建设行动实施方案》(以下简称《实施方案》),从总体要求、规划引导、建设行动、推进机制等方面提出诸多具体意见。按照《实施方案》,到2025年,全省乡村建设取得显著成效,农村人居环境显著改善,县域内城乡基础设施一体化和基本公共服务均等化水平显著提升,农村精神文明建设显著加强,着力建设具有中国气派、岭南风格、广东特色的宜居宜业和美乡村,珠三角行政村全部达到美丽宜居标准,沿海经济带和北部生态发展区80%以上行政村达到美丽宜居标准。

（一）海岸卫士"红树林"变身"金树林"

红树林是生长在热带、亚热带海岸潮间带的木本植物群落，在净化海水、防风消浪、保持生物多样性、固碳储碳等方面有着极为重要的作用，是公认的"绿色海岸卫士"。近年来，加强红树林保护和修复成为我国海洋生态文明建设和国土空间生态保护修复的重要内容。以红树林为抓手，培育、发展相关绿色产业，这也是广东全力推进万亩级红树林示范区建设的发力方向。根据《红树林保护修复专项行动计划（2020—2025年）》，广东到2025年要营造修复8000公顷红树林。为此，广东各地各部门全力推进万亩级红树林示范区建设，力争到2025年创建5个万亩级红树林示范区，修复和新营造红树林面积超7万亩。

作为多种海洋生物的栖息地，红树林不仅有生态功能，还有重要的经济价值。要将红树林变成带动周边区域经济社会绿色发展的"金树林"，需要综合考虑美丽乡村建设、乡村振兴、绿色产业发展等内容，充分挖掘红树林的生态产品价值，推进红树林及其周边生态养殖、碳汇交易、生态旅游、科普教育等相关绿色产业建设，培育"红树林＋生态产业"发展新模式，打造"绿水青山就是金山银山"的广东样板。

红树林既是候鸟迁徙停留地和越冬地，也是留鸟的栖息、繁殖地。每到冬日，勺嘴鹬、黑脸琵鹭、黑嘴鸥、遗鸥等濒危物种将回到湛江红树林越冬。近年来，红树林保护的成效渐显，到现在湛江红树林保护区内有超过200种鸟类、100多种鱼类、昆虫以及大型底栖动物繁衍生息。高桥红树林自然保护区内生长着藻植物159种，水体浮游植物97种；栖息着留鸟、候鸟等鸟类170多种。黄昏时分，平静的水面被晚霞染红，倒映着红树林斑驳的光影，外出觅食的鹭鸟纷纷归巢，在红树林上空不停地盘旋。乘一叶扁舟，穿行于红树林内，聆听百鸟啼鸣，格外惬意。

湛江红树林生态保护完好的背后，既是生态账，又是民生账、经济账。在过去，不少湛江沿海居民以围塘养殖为生，为了保护红树林生态，近海的养殖场被全部清退。既要坚持红树林生态的保护，也要保障沿海居民的生计，成为湛江最现实的考量。为此，湛江将红树林保护区划分为核心区、缓冲区和实验区，分类进行管理和保护。2018—2020 年，湛江投入 2631.54 万元用于整改工作，清退了岭头岛红树林核心区内 410.5 公顷养殖塘，对实验区 4570.5 公顷养殖塘签订红树林自然资源共管协议，落实生态补偿，保证塘内红树林正常生长。

在原有保护的基础上，湛江逐步形成了"红树林种植－生态养殖耦合"共存模式基本格局。在养殖塘里种植一定面积的红树，修复红树林的同时，以红树林生态系统反哺养殖塘内的鱼虾蟹贝，提升渔业产品质量和品质，互惠互利。如今，在 366.1 亩的试验区内，红树林群落总面积为 222.97 亩，白骨壤、红海榄、桐花、秋茄、木榄等红树树种守护着湛江的海岸线。未来，湛江将在徐闻、廉江、雷州种植红树林 898 公顷，投入的生态修复财政资金约 4.3 亿元。

2021 年底，湛江正式提出打造"红树林之城"。《湛江市建设"红树林之城"行动方案（2021—2025 年）》明确提出，建设独具湛江特色的红树林生态旅游经济带，将红树林旅游要素融入大文旅产业链。湛江市麻章"海湖山色·涤荡心灵"之旅、麻章"志满古道·探秘寻味"之旅、廉江滨海寻古之旅等三条红树林精品旅游线也被认定为第三批广东省乡村旅游精品线路。

红树林作为重要的蓝碳生态系统，在固碳储碳、应对气候变化和维持生物多样性等方面发挥着重要作用。2021 年 6 月 8 日，广东湛江红树林国家级自然保护区管理局、自然资源部第三海洋研究所和北京市企业家环保基金会，签署"湛江红树林造林项目"首笔 5880 吨的碳减排量转让协议，标志着我国首个蓝碳交易项目正式完成。

（二）特色宝藏"土特产"串起乡村新景

2023年，中央农村工作会议明确要求做好"土特产"文章。生态类"土特产"的蓬勃发展大大促成生态资源的价值实现，通"绿水青山"向"金山银山"的转化通道，从而推动以产业生态化和生态产业化为主体的生态经济体系在农村率先成型。使环境保护和生态治理实践始终与生态产品价值实现相生相伴，从而推动实现乡村面貌的深刻重塑。广东省各地借助荔枝、柚子、菠萝、青梅等"土特产"，一幅农民富、农村美、农业强的乡村振兴美丽画卷在广东大地徐徐展开。

1. 借"荔"扬帆

位于广东省西南部的茂名市高州市根子镇面积约87平方公里，下辖1个社区、17个自然村，地处荔枝种植黄金地带，有着2000多年的荔枝种植历史。2023年4月11日，习近平总书记来到茂名高州市根子镇柏桥村视察调研。他走进荔枝种植园，了解当地发展特色种植产业和文旅产业等情况，并同现场技术人员亲切交流，随后来到柏桥龙眼荔枝专业合作社，听取合作社运营和推进乡村振兴等情况介绍。习近平总书记指出，这里是荔枝之乡，荔枝种植有历史传承和文化底蕴，特色鲜明，优势明显，市场空间广阔，要进一步提高种植、保鲜、加工等技术，把荔枝特色产业和特色文化旅游发展得更好。

柏桥村的乡亲们牢记习近平总书记嘱托，依托一方水土，大力发展荔枝产业，通过整合种植、仓储、物流、加工等多方资源，创建了"根子贡荔"等特色品牌和"荔枝定制"等营销活动，成为省级"一村一品"荔枝生产专业村，培育出国家级农业专业合作社和省级农业龙头企业各1家。做好小荔枝的"大文章"。柏桥村靠荔枝创收的同时，还发展了鲜果加工、文化旅游、电商等多种产业，提升荔枝附加值、新功能和新空间，拓宽村民致富渠道。

柏桥村振兴的累累硕果有赖于荔枝这个富民兴村产业的强力支撑，集标准化种植、文化旅游、科研加工等多种业态于一体。目前，茂名着力打造以荔枝为主题的"农文旅创一体化"产业集群，设计众多精品旅游线路，推动荔枝产业发展行稳致远。柏桥村还入选了全国乡村旅游重点村、广东省文化和旅游特色村。随着中国荔枝博览馆、国家荔枝种质资源圃、荔枝种植园等旅游线路的开发，柏桥村描绘的荔乡秀美画卷更加绚丽。

凭借一颗颗荔枝，乡村振兴这趟"火车"在柏桥村越跑越快。柏桥村村民也成功搭上"致富顺风车"，把"土特产"变成了"致富果"。2023年柏桥村荔枝产值1.4亿元，人均年收入5.3万元，吸引游客200万人次，村民在家门口就能赚到钱。

2. 菠萝变致富果

徐闻县位于中国大陆最南端，与海南岛隔海相望，热带季风常年吹拂，拥有万年火山喷发的富硒红土，是中国最大的菠萝种植优势区，种植面积35万亩，年产量超70万吨（占全国的40%），素有"中国菠萝看广东，广东菠萝看徐闻"的美称，形成了壮美的菠萝种植景观带，被誉为"菠萝的海"。徐闻县厚植品牌建设、强化品牌营销，用好"两个市场"，持之以恒做好品牌推广，使徐闻菠萝从田间地头的"甜蜜果"，变成千家万户的"致富果"，成为广袤乡村的"振兴果"。2023年，徐闻菠萝鲜果产值达25亿元，同比增加4亿元，带动近5万农户、14.6万人增收。

徐闻县曲界镇愚公楼村所产的菠萝体大质优肉脆清甜，早在1950年左右，徐闻菠萝就以"中国愚公楼菠萝"的品牌畅销港澳市场，驰名中外。先后获得"绿色食品"商标认证及"特优产品""国家地理标志产品"称号。2004年，"愚公楼菠萝"成功入选国家地理标志保护工程项目实施名单，成为当年广东省唯

先行南粤

一入选的项目。徐闻县曲界镇愚公楼村以菠萝农业龙头企业、合作社为基础,对低产果园进行改造,加大优质菠萝基地建设,建立 6700 亩绿色有机菠萝生产示范基地,从业人员达 1000 人,农民人均收入为 19750 元,菠萝种植面积达到该村耕地总面积的 93%。

好酒也怕巷子深。徐闻县以菠萝作为试验田,首创菠萝"12221"市场体系,发力生产和市场两端,采用发布徐闻菠萝区域公用品牌标识、成立徐闻菠萝采

徐闻菠萝肉脆清甜

购商联盟的方式，积极采用数字营销、扩大品牌声量，打出创新推介形式、拓宽销售渠道等组合拳，破解了徐闻菠萝"销售难"问题。推动徐闻菠萝品牌走入千家万户，走上全球餐桌。2022年，对接RCEP（《区域全面经济伙伴关系协定》）实现菠萝出口到新加坡、阿联酋、俄罗斯、吉尔吉斯斯坦等国约1600吨；2023年，徐闻菠萝出口到新加坡、俄罗斯、吉尔吉斯斯坦、哈萨克斯坦约1778吨，货值约1016万元，是徐闻菠萝出口跨境电商的新突破，实现了徐闻菠萝从"中国好声音"到"世界好故事"的升级。

徐闻菠萝壮大的同时也带动了农文旅融合发展。2014年，徐闻"菠萝的海"被评为广东乡村旅游与休闲农业示范点，被全球知名旅游指南杂志《孤独星球》推荐为广东15个顶级旅游体验地之一，被《中国地理》杂志赞誉为"中国罕有的壮美景观"。2023年"菠萝的海"接待游客近80万人次，带动旅游收入近1亿元。

中国·松口
SONGKOU CHINA

第五章

以人民为中心
探索社会治理新模式

18世纪60年代,英国率先掀起工业革命,机械化带来的生产力快速提升创造出巨大财富,导致在很长一段时间,人们对现代化的认知聚焦于生产力的发展层面。欧美国家也因工业革命而率先走上发达国家之路,引起他国的羡慕和效仿,由此衍生出"现代化=西方化""现代化=资本主义化"等片面性错误认知。然而,现代化并不等于西方化,现代化不是单选题。习近平总书记曾深刻指出,"在发展道路的探索上,照搬没有出路,模仿容易迷失,实践才出真知"。中国要以中国式现代化实现人民对美好生活的向往。

要科学实现中国式现代化,就要始终践行以人民为中心的发展思想。在活力四射的南粤大地上,广东紧紧围绕以人民为中心的初心使命,学习贯彻习近平总书记关于"在营造共建共治共享社会治理格局上走在全国前列"重要指示要求,始终以"闯"的精神、"创"的劲头、"干"的作风,扎实推进实现"社会治理效能得到新提升"的工作目标,积极探索和创新社会治理体制机制。

一、党建引领推动"粤治"走向"悦治"

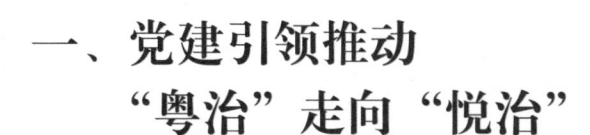

正所谓"上面千条线,下面一根针"。基层是落实党中央各项决策部署的最末端,是服务群众的最前沿,是国家治理的重心和基础。习近平总书记强调,要把加强基层党的建设、巩固党的执政基础作为贯穿社会治理和基层建设的红线。基层的盘子大,覆盖面广,涉及人口众多,如何有效发挥中国共产党的执政优势,让基层治理更加科学、更为顺畅、更有成效,是我们需要思考的问题。党建引领是破题的关键,让社会治理从一片混沌、令人畏缩的大难题变成可解有解、乐于探索的小挑战,让"粤治"变为"悦治"。党建引领基层治理,能确保基层治理始终保持正确方向,确保党中央的方针政策不偏不倚地落实在基层,确保基层群众真真切切感受到中国共产党人以人民为中心的初心。

党建引领基层治理的重点在于要以基层党组织为中心,建立严密有序的组织体系。新时代社会治理的主体应当是通过党建引领方式,加强各领域党组织的互联互动,号召更多力量参与社会治理,形成人人有责、人人尽责、人人享有的社会治理共同体。党建引领要提升基层社会治理效能,通过抓住关键处、找准突破口、选好切入点,为推进基层治理体系和治理能力现代化提供坚强组织保障。

（一）以基层党组织为中心织密组织体系

粤港澳大湾区是习近平总书记亲自谋划、亲自部署、亲自推动的。从珠三角到大湾区，最明显的变化当属城市之间的联系程度。根据广州市规划和自然资源局发布的《2023年广州市交通发展年报》，广州和佛山间日均通勤出行占比排名全国第一。这两座城市是市区与市区交融在一起，中间几乎没有郊区缓冲，因此"广佛同城"的程度远高于其他"连体城市"。据统计，广佛两市间日均出行量185万人次，占湾区城市间出行总量的27%，为深莞间的1.4倍。其中，"居住在广州、工作在佛山"的人群约占四成，"居住在佛山、工作在广州"的人群约占六成，双向通勤特征明显。而且，广州和佛山都是"广府文化"的重要发源地，在生活习俗、风土人情上也十分接近，很多人都过着广州、佛山来回往返的"双城生活"。

"广佛候鸟"的加速汇聚虽然为当地带来了诸多经济和社会方面的发展，但是伴随着非户籍人口的涌入，如何做好管理、服务，推动非户籍常住人口的融入，是基层治理面临的一大问题。基础不牢，地动山摇。如何让基层治理更加扎实有力？发挥党建引领的作用是关键。为此，佛山市专门印发了《关于推进党建引领基层社会治理现代化的实施方案》，提出加强党对基层社会治理的领导、完善上下贯通执行有力的组织体系等重点改革措施。同时，通过出台新一轮基层党建三年行动计划、强化村（社区）带头人队伍建设等举措，不断夯实基层党组织领导地位。

目前，通过推动物业住宅小区党支部"应建尽建"，佛山全市1900多个物业住宅小区党支部建设实现全覆盖。基层治理的一大问题在于盘子大、人口多、责任散。为了压实责任，提高基层治理效能，佛山积极健全"社区大党委－小区党支部－党员楼长（党员中心户）"组织体系，搭建"小区党支部提议－党员楼长收集意见－业委会商议－物业公司解决－报告小区党支部"的闭环处理机制，使得重大事项由小区党支部牵头，联动社区党委和有关职能部门召开联席会议协商解决。目前，佛山全市32个镇街、195个城市社区均建立了党建联席会议制度，近6000名党员楼长成为联系党组织、物业企业与居民的桥梁纽带。越来越多的小区也由此尝到党建引领基层治理的甜头。

佛山市南海区是广佛同城的桥头堡，南海区里水镇毗邻广州，地理位置优越，经济发达，工作机会丰富，数量庞大的"广佛候鸟"纷纷选择在里水"筑巢"。但因人口结构复杂，社区存在矛盾纠纷类型复杂多样、调解意识淡薄、社区认同感和幸福感较低等问题。如何高效科学化解基层治理矛盾，让社区居民成为基层治理的主要参与者？临近广州的佛山市南海区里水镇以"小区善治"为目的，打造三级党建网格，筑牢居民社会融入的政治组织保障。由镇党委统筹，以社区党组织为网格领导核心，织密"社区党委、住宅小区党支部、户联系党小组"三级党建网格，形成社区党委、司法所、专职调解员、社工以及热心居民的五方联动机制，进行早排查、早发现、早介入、早调解的基层治理工作。此外，为了鼓励创新社会治理方式，里水镇综合治理办制定了《"创益基金"扶持社会治理创新项目征集实施方案》，利用专项资金重点扶持镇内社会治理领域创新项目，进一步完善党委领导、政府负责、民主协商、社会协同、公众参与、法治保障、科技支撑的社会治理体系，构建人人有责、人人尽责、人人享有的社会治理共同体，打造共建共治共享的社会治理新格局。

在里水镇的金溪社区，住着许多在广州上班的双职工夫妻，他们面临孩子上下学无人接送等急难愁盼问题。为此，在社区党委的统筹指导下，通过融合圆桌议事的工作机制，联同小区党支部、物业管理和巾帼志愿者共同商议，组建了一支校车护畅志愿服务队，在小区校车接送孩子期间维持秩序。校车护畅队成立当天，就有17名志愿者加入。但是由于志愿者排班频率高，现有的志愿者队伍并不能满足维持小区孩子上下学秩序的需要。对此，小区党支部在小区群发布志愿者队伍招募信息，联通巾帼志愿者在小区花园张贴通知、走访住户，又有19名志愿者加入校车护畅队，基本能满足平均每人每周排班一次的需要。

在实际操作过程中，还发现存在儿童乘坐校车时互相追逐、不按要求入座等情况。为此，小区党支部统筹组织开展志愿者培训活动，教授志愿者与儿童沟通的技巧以及出现突发情况的应对方式等，提升了志愿者的服务技能，改善了孩子乘坐校车时的秩序。随着志愿活动的持续和深入，又发现了更多的问题有待解决。例如，校车上下点标识不明，跟车工作人员忙不过来，志愿者队伍管理制度有待完善，最终都通过党建引领的融合圆桌议事工作机制得以解决。更令大家惊喜的是，校车护畅队带动了小区居民对儿童安全问题的关注，还联动了市政部门、居委会、物业管理、商家等把服务延伸到小区建设、小区安全等各方面的公共事务，小区议事工作机制、规范的协商沟通方式得以推广应用，帮助小区居民解决以往难以解决的其他基层治理问题，小区的自治基础进一步完善，小区居民的获得感、幸福感、安全感进一步提升。

再把视野拉到广州。作为千年商都，这座老城积淀了诸多历史文化底蕴，同时许多老旧小区已不能满足人民日益增长的美好生活需要，如何激活老城市的新活力也是基层治理需要解决的大问题。要建设美丽宜居的社区环境，迫切需要专业设计力量的介入。城市规划改造不仅包括宏观的规划，也需要注重微观的改造、人的感受和生活品质的提升。仅有专业的力量依然不够，还需要真正以社区居民的需求为核心，落实以人民为中心的发展思想，才能设计出人民满意的美好生活空间，让社区设计改造"沾泥土、带露珠、冒热气"。为此，广州市城市规划勘测设计研究院通过"人人都是社区设计师"的实践，探索出了一条党建引领城市基层治理的良性道路，让老城的每一个居民都感受到从"住有所居"转变为"住有宜居"。

广州市城市规划勘测设计研究院长期以来坚持党建引领，打造高质量特色党课"头雁学堂"，紧跟党中央的各项决策部署；同时，开设"头雁讲堂"，让

"关键少数"为"绝大多数"干事创业的精气神和专业力赋能,让"头雁"带动"群雁"飞,带动 3000 余名社区设计师能始终朝着共同目标同心同德、奋勇前进。

社区改造并不只是体现"道法自然"城市设计美学的提升改造,而是深入到群众中,扎根到群众中,切实了解他们的真实生活需求,以因地制宜、鼓励创新的方式进行设计改造。这种改造更体现了以人为本的城市设计哲学,用社区改造的"小切口"推动民生领域的"大变化",以此不断提升城市治理能力现代化水平,让人民生活更加幸福美好。

广州市城市规划勘测设计研究院正按照广州市规划和自然资源局制定的"社区事·大师做""社区事·专职做""社区事·街坊做"三种社区设计师工作模式要求,推动搭建由专业大师、技术团队、社区居民多方参与、共同缔造的社区治理平台,推进实现"社区事·大家做"。在广州市越秀区白云街的改造过程中,广州市城市规划勘测设计研究院联合社区居委会举办了一场以启智学校儿童与社区其他儿童为主要参会者的居民会议。"我想要一条滑板车道""家楼下是游乐场就好了"……参会的小代表们提出了各式各样的需求,最终在社区设计师的努力下,一一得以实现。在广州市天河区员村昌乐园社区,社区设计师团队提出了"赋能微绿地"的口号,将其中一块绿地开辟为社区微菜园,并利用社区底商运营参与的方式,激活社区自生长的力量,实现一线城市的孩子在家门口也能体验自然的目标。

(二)抓住市域社会治理现代化的切入点[①]

广州作为实际管理人口逾 2000 万的超大型城市,人流、物流、资金流极其

[①] 参见《广州:打造市域社会治理"红棉指数",以"小指数"撬动"大治理"》,广东政法网,http://www.gdxf.org.cwxbsy/syzl/content/post_109372.html。

庞大，不能单靠"铺人力""用蛮力"的方式来解决社会治理问题。近年来，广州市委、市政府以市域社会治理现代化为切入点，从政治引领、法治保障、德治教化、自治强基、智治支撑五个方面同向发力，加快推进社会治理现代化。"高位统筹、党政同责。"这是广州进行市域社会治理现代化试点工作之初立下的"军令状"。首先，高规格成立由市委书记任组长的市域社会治理现代化试点工作领导小组，并编制出台首个市域社会治理现代化"十四五"重点专项规划，一项项重点任务清清楚楚，一个个负面清单责任主体从制度上推动市域社会治理高质量发展。

"红棉指数"是广州市贯彻落实全国市域社会治理现代化试点"重点创新"要求的一项实践探索，可以有效提升社会治理的精准化水平。"红棉指数"由广州市委政法委牵头，通过"5+1"指标体系，以"小指数"撬动"大治理"，动态监测全市各行政区的社会治理状况、及时发现补齐治理短板，助力提升广州市域社会治理现代化水平，打造具有示范效应的"广州样本"。

"红棉指数"作为整体提升超大城市治理体系现代化水平的前瞻抓手，聚焦统筹推进、创新完善党委领导、政府负责、群团助推、社会协同、公众参与的社会治理体制，全力构筑市域"善治指挥链"。通过开展"红棉指数"监测，盯紧民生热点，打通治理堵点，推广特色亮点，紧扣平安焦点，不断强化效能导向，突出测评问效，支撑社会风险预测预警预防，提升化解重大矛盾能力，助推市域社会治理创新发展。

指标设计上，突出体制特征。打造"5+1"监测指标体系，其中"5"指社会安全度、法治保障度、德治建设度、公众参与度、智慧支撑度等市域社会治理五大评测维度。"1"指市域社会治理风险预警维度。首期"红棉指数"以2021年度为监测时段，设置29项二级指标、132项三级指标，采集了广州市18个市直部门的1452条官方数据，全网抓取了超过9万条风险预警数据，通过数据计算、分析，最终形成指数结果，展现广州市11个行政区2021年度社治理综合成效，也将为广州市、各区推进社会治理工作提供参考。

监测对象上，突出整体提升。通过监测 11 个行政区，促进全市社会治理整体水平的提升。2021 年度测评总榜结果显示：越秀区以 84.04 分居榜首，荔湾区以 81.98 分紧随其后，黄埔区以 81.83 分排名第三，共有五个区的综合得分在 80 分以上。

数据来源上，突出市域层级。各项指标数据来源于市直党政部门官方报送的原始运行数据，市域社会治理风险预警维度数据通过大数据抓取获得，有效避免指数结果的人为干预。首期采集 18 个市直部门共 1452 条官方数据，全网抓取超过 9 万条舆情数据，通过数据计算、分析，形成监测报告。

平台支撑上，突出数据联通。依托数字赋能，紧扣"红棉指数"指标体系、监测结果、风险预警等元素，建设并上线广州市域社会治理"红棉指数"预警监测系统，初步实现社会治理指标数据智能报送、监测结果智能计算和自动生成、季度数据动态监测和滚动展示、助力风险预警研判和辅助决策指挥四大功能。

天下之事，不难于立法，而难于法之必行。"红棉指数"立足广州作为超大城市、国家中心城市、省会市和粤港澳大湾区区域发展核心引擎的区域"首位度"，突出测评问效，实施目标管理，以此不断压实各级各部门推进市域社会治理现代化的主体责任，彰显广东永葆"闯"的精神、"创"的劲头、"干"的作风。

盯紧民生热点。广州市委政法委相关负责人介绍，"红棉指数"抓住人身安全、"舌尖上"的食品安全、"钱袋子"的财产安全、校园安全、交通安全等市民群众关心关注的问题，定期发布指数监测情况，及时回应社会关切。

例如，首次监测结果显示：2021 年广州全市治安安全形势持续稳定向好，11 区命案均 100% 告破，各区食品抽检合格率均在 98% 以上，全市电信诈骗警情、电信诈骗案实现"双下降"，11 区校园安全事件均为个位数，等等。

打通治理堵点。通过动态监测，及时发现、评估全市社会治理问题，破解社会治理领域难题，指引各区各部门补短板、强弱项。"以这次的报告为例，五个评价维度中，荔湾在社会安全度、德治建设度等一、二级指标中排名靠前，但在智慧支撑度方面不尽如人意。"王勇波说，荔湾区将持续深化"综治中心＋网格化＋智能化"体系建设，不断提升基层治理精细化水平。

推广特色亮点。通过指标体系，深度挖掘全市社会治理的政治优势、体制优势、机制优势和工具优势，大力培育社会治理创新项目，对标高线争创特色亮点，积极打造可复制、可推广的"广州样本"。

辅助决策重点。发挥"红棉指数"对社会矛盾风险预测、预警、预防作用，提供风险研判依据；定期发布指数监测结果，为各区、市直相关单位统筹开展工作、解决重点问题、合理配置资源提供决策指挥参考。

紧扣平安焦点。突出结果性指标监测，依托社会治理客观数据基础，切实增强化解重大矛盾、应对重大风险能力。

先行南粤

二、基层治理由"软"变"硬" 打造"物业城市"

2017年3月5日，习近平总书记参加十二届全国人大五次会议上海代表团审议时指出，城市管理应该像绣花一样精细。做好基层治理，首先要在思路上有重大转变。新时代背景下，政府应从"管理型"转变为"服务型"，才能更好

珠海横琴新区

地满足人民日益增长的美好生活需求。而其中，需要巧妙融入社会企业、社会组织、社会人士的力量，方能解决好人口规模巨大带来的社会治理难题，开拓共建共治共享的社会治理新局面。

近年来，广东各地以习近平总书记关于社会治理现代化的新理念新思想新战略为根本遵循，坚定不移走中国特色社会主义社会治理道路，积极探索和创新社会治理体制机制，涌现出一批以市场机制激活社会治理的新实践，为更高质量的平安建设提供了新路径，为推进社会治理现代化提供了新鲜经验。

（一）横琴"物业城市"区域实践[①]

营造粤澳深度融合社会环境，是贯彻落实"一国两制"方针的应有之义。近年来，横琴在全国首创"物业城市"社会治理新模式，将涉及政府非核心业务的城市公共空间和公共资源交由社会企业和社会组织进行管理、服务和运营；同时依托"物业城市"信息化平台搭建管理、办事、服务三大功能板块，从而实现对公共空间和公共资源的智能化识别、定位、监控和管理，让物业公司服务人员在一系列制度和体制机制规范下，专注粤澳居民美好生活需要开展一系列专业服务；逐步走出一条将城市公共服务整体外包，对城市公共空间与公共资源、公共项目进行全流程"管理＋服务＋运营"的治理模式，实现社会治理力量凝聚、方式创新、水平提升。

"物业城市"模式是一种在中国社会治理领域的可落地可复制模式，它紧跟"管理型政府"向"服务型政府"转型的时代要求，促进了社会企业深度参与社

[①] 参见《横琴"物业城市"模式实现智慧化赋能》，金台咨讯，http://baijiahao.baidu.com/s?id=1668923374661736711&wfr=spider&for=pc。

会治理并成为中坚力量，企业发展出新的经济业态；给足了社会组织、志愿者、公益人士乃至普通市民参与社会治理的空间、渠道和机会，第一时间回应市民需求，积极推动城市治理模式由"政府全包"向"市民治理"方向转变。

"物业城市"模式采取"线下+线上"相结合的方式，着力构建城市治理工作的闭环，形成政府、城市运营商、服务提供商、普通商户、社会组织、市民多元主体共建共治共享的城市治理"新生态圈"。

横琴"物业城市"社会治理新模式于2018年5月24日正式启动，同年9月，珠海大横琴集团有限公司与万科物业发展股份有限公司完成国有企业混合所有制改革，双方共同组建珠海大横琴城市公共资源经营管理有限公司（以下简称"大横琴城资"），将整个横琴合作区视为一个"大物业"，由大横琴城资以"专业服务+智慧平台+行政力量"相融合的方式，对城市公共空间、公共资源、公共项目实行全流程专业化、精细化、智慧化的"管理+服务+运营"，旨在构建政府主导、企业运作、社会广泛参与的新型城市治理生态圈，让城市生活更美好。

过去，由于城市数据资源不畅通，不少数据缺乏系统分类整理，导致无法实时对城市进行全局的即时分析，从而影响应急响应效率。如今，"物业城市"治理模式下的大数据平台正在充当城市的"眼手脑"，通过搭建环卫绿化、城市照明、垃圾清运、城市排水系统、综合管廊、电缆沟和物业管理等多板块智能化管理子系统，对各类城市部件实现7×24小时实时跟踪、可视化呈现、即时报警、智能派单等功能，对散落在城市生活中的数据进行整合分析，形成企业级"城市中枢"，逐步推动城市管理智慧化。

借助大数据平台，加速城市大数据资源整合利用，横琴城市治理正由粗放化向精细化、智慧化转变。以垃圾清运为例，通过大数据平台，可实时查看所有垃圾清运点的垃圾收集情况和车辆作业情况。不仅可以追踪每辆清运车的实时监控视频和垃圾倾倒记录，平台还可对各收集点的垃圾收集量、垃圾收集次数进行统计分析，为垃圾清运管理决策提供数据依据。

同时，"物业城市"App 也便利了居民生活。合作区综合执法局局长赵振武介绍，"物业城市"App 上线运营两年多，已超过 12 万人注册，涵盖了绝大多数横琴常住人口。居民可通过当中的一键上报、一键咨询等"五个一"功能，上报所有城市治理问题，如市政、市容、交通、警情等，证据可通过手机端以拍照、录像、语音等形式上传，后台通过人工智能技术自动分类 8 大类 18 小类城市治理问题，居民还可以抢单参与问题的处理和化解。

借助智慧化手段，人人参与社会治理的新生态圈正在横琴逐步成型，居民出行、办事也更顺畅、便利了。横琴还将发布物业城市白皮书，组建战略研究院，研究制定物业城市的业务标准和技术标准，推进"物业城市"App 平台市场化，线上、线下融合发展，继续发挥横琴模式在全国的示范引领作用，进一步推动城市治理体系和治理能力的现代化进程。

（二）深圳市光明区凤凰街道"红管家"镇域实践[①]

"城中村"治理是城市治理的难题，是社会治理重心落到基层的必然指向。近年来，以深圳市光明区凤凰街道为代表的镇街，立足推进基层社会治理现代化，将城中村通过"电子哨兵＋门禁"等方式升级为围合管理的智能型"城市物业"，将网格化管理、市场化服务和信息化赋能衔接起来，组建社区党委领导下由党员、物业员工组成的"红管家"服务团队，引领社会组织、楼栋长、居民等多元主体参与，面向群众开展安全巡查、环卫管理、文明劝导、纠纷化解、便民代办、民意畅通等领域的"推栋入户""吹哨报到"服务，逐步在社会治理

---

① 参见《试点物业"红管家"创新基层治理路径》，人民资讯，http://baijiahao.baidu.com/s?id=1737102459328560645&wfr=spider&for=pc。

领域实现党政精简高效、社区强基增效和企业赋能提效,持续提升基层群众的获得感、安全感和幸福感。

建强红色堡垒。凤凰街道通过将党的工作着力点与群众的呼声有机融合,深化党的组织和工作覆盖,以党建引领各方共同做好物业管理服务,推动物业领域党组织"应建尽建、能建尽建",吸纳街道下沉党员、社区党员和物业公司党员成立红管家基层治理党支部,建立"街道大工委+社区大党委+红管家基层治理党总支+片区网格党支部"4级组织体系,推动物业公司负责人与红管家党支部书记交叉任职,实现党的建设与物业服务同频共振、同向发力。目前,街道已成立甲子塘、东坑社区2个"红管家"基层治理党支部,物管负责人与党支部书记交叉任职比例达100%,将物业公司从小区治理的"客体"变为"主体",激活物业公司的治理热情。

筑牢红色阵地。凤凰街道通过盘活综合网格办公场所、物业公司办公场所、党群服务中心等空间,打造集党员教育、人员办公、群众活动、志愿者服务等功能于一体的"红管家"服务阵地。依托"红管家"阵地平台,建立街道、社区、物管及居民广泛参与的协商议事机制,积极发动居民参与社区事务讨论,打造共商共建共管共享的治理新格局。目前,已初步建成甲子塘、东坑社区2个"红管家"服务阵地。

凤凰街道积极践行以人民为中心的发展思想,探索超大型城市现代化治理新路径。综合各社区楼栋、居民入住实际情况,以路、巷道、楼栋为界,将5个社区划分为15个片区网格、224个综合网格,将辖区6288栋楼18万余人全部纳入"红管家",进行有效管理。引入专业化物业企业和现代管理制度,构建"党建引领+政府监管+专业服务+智慧管理"的"物业城市"治理新模式,推动基层治理从"管理型"向"服务型"最终到"共建型"转变。

凤凰街道按照"物业城市"建设理念,通过"专业服务+公共资源"相融合的方式,统筹街道下沉人员、物业公司、志愿者等多重力量全面参与治理,打造政府牵头引导、物业专业管理、群众广泛参与的新型城市治理生态圈。

统筹专业力量下沉。街道综合实有人口、区域功能等因素，将辖区划分为 15 个片区网格，其中 7 个城中村均"独立成格"。整合政法、应急、市政等部门近 400 名专业人员下沉至社区，并根据网格专业事项和社区承接事项划分管理岗、专业岗和基础岗，破解基层治理中人力不足、专业度不够等问题。下沉人员由社区党委进行综合管理，统一配置执法记录仪、袖标等工作设备，与物业公司服务人员合署办公，搭建起一套合作紧密、职责清晰的长效管理体系。

探索全域物业管理。街道加强顶层设计，引入高水平物业公司承接城中村物管项目，建立"红管家"物业管理"1+3"工作机制，明确政府、社区及城中村物业职责分工，在明确组织架构、管理标准等规范化运作机制的基础上，遵循"群众盼得急、物业接得住、事项门槛低、职权可以放、政府能监管"的职责先行下放原则，探索将市容维护、垃圾分类、纠纷调解等民生、公益性职责和资源下沉至物业公司，制定《物业公司职权清单》《凤凰街道城中村专业物业管理考核工作方案》等制度，实现服务标准化、内容可视化、监管可量化。根据城中村基本情况、物业服务质量等，以奖代补将部分公共财政资金下沉，增强物业公司自我"造血"功能，让城中村物业公司进得来、留得住，城中村物业公司"造血"功能持续增强。目前，街道已初步确定甲子塘、东坑社区物业公司合作模式，并形成"红管家"物业管理"1+3"工作机制。

三、新时代广东"枫桥经验"的创新实践

20世纪60年代初,浙江省诸暨县枫桥镇的干部群众凭借出色的创新创造能力,在解决社会治理问题的实践中形成了"小事不出村、大事不出镇、矛盾不上交"的经验。1963年11月,毛泽东同志亲笔批示"要各地仿效,经过试点,推广去做"。2013年10月,习近平总书记作出重要指示,强调要把"依靠群众就地化解矛盾"的"枫桥经验"不断继承和发扬,根据形势变化和时代要求创新群众工作方法,切实解决好涉及群众切身利益的突出问题,践行以人民为中心的发展思想。10年之后,习近平总书记在北京人民大会堂亲切会见全国"枫桥式工作法"入选单位代表,向他们表示诚挚问候和热烈祝贺,勉励他们再接再厉,坚持和发展好新时代"枫桥经验"。

"枫桥经验"之所以经久不衰,其秘诀就在于始终依靠党的领导这一最大优势,始终坚守人民至上这一恒定初心,始终激活群众活力这一深厚本源。要做好社会治理工作,在新时代继承和发扬"枫桥经验",关键在于调动基层群众参与治理的主动性、积极性和创造性。社会治理归根到底还是要解决人民群众的根本利益问题,基层治理怎么做,治理效果好不好,人民群众是最有发言权的。

（一）多措并举打造社会治理共同体[①]

基层治理是国家治理的基石，是实现国家治理体系和治理能力现代化的基础工程，对维护国家安全、社会安定、人民安宁具有重大意义。广州市作为国家重要中心城市和超大型城市，城市信息、人员、技术、资本、商品、服务等要素高速流动，如何应对复杂多变的治安形势，完善社会治安防控体系，打通应急处突"最后一公里"，成为一个重要课题。

自2021年5月以来，广州市公安局坚持以人民为中心的发展思想，在市委、市政府的统筹部署下，紧紧依靠群众，全面发动群众，以防范化解影响安全稳定的风险隐患为重点，根据基层场所属性、安保力量及治安复杂性等划定最小安全防范区域，依托"广州街坊"实行编组，形成社会治安突发事件先期处置的机制、平台、阵地和队伍。至2023年，全市已建成2.3万个最小应急单元，近30万名"广州街坊"群防共治力量，实现全市基层单位、重点场所、重点部位布建全覆盖。

如今，张贴在羊城大街小巷醒目位置的"最小应急单元"标志，学校、大型商场、批发市场等随处可见的手戴红袖章、身穿红马甲的最小应急单元队员，正不断织密社会治安防控体系的安全网，为市民群众带来更笃定的安全感。

最小应急单元是快速有效应对社会治安突发事件的第一道坚固防线。广州警方充分发挥法治广州"生力军"、平安广州"主力军"作用，从常见事件的类型、特点、处理方式等方面入手，针对"严重暴力犯罪""一般刑事、治安案

[①] 参见《最小应急单元 最大平安守护织密社会治安防控体系的安全网》，广东省公安厅网站，http://gdga.dg.gov.cn/jwzx/jwyw/content/post_4065447.html。《梅州广福镇入选全国"枫桥式工作法"单位客家围屋变"和屋"，发挥定分止争大作用》，《南方日报》2023年11月15日。《一杯清茶解纠纷，潮州"茶文化六步调解法了解下"》，潮州市人民政府网站，http://www.chaozhou.gov.cn/czsj/gkmLpt/content/3/3877/mpost。

件""安全事故、灾害"等各类突发事件,制定最小应急单元多样化的快速反应处置流程,对全市最小应急单元开展培训演练,切实提升广州地区最小应急单元队伍的业务能力和技能素质,实现"1分钟自救、3分钟互救、5分钟增援到位"目标。

2022年6月,天河区车陂东路有人意图伤人。事发地点位于商业广场,人流密集,天河区公安分局车陂派出所立即启动最小应急单元响应机制,派出所警力同时出动。6名手持处突装备的最小应急单元队员火速赶赴现场处置,派出所民警也赶到现场,迅速合力制服嫌疑人。

这一起起案件背后,是一张无形的警保智能指挥联动守护网。在市委、市政府的统筹部署下,全市各区根据辖区人流密集商场众多等特点,依托科技支撑,配置完善专用公网对讲设备,满足本区最小应急单元通信需求,架起了群防共治信息互通联络网,进一步整合了基层多元力量,为群众办更多实事。在城市基层单位、场所等区域建设以处置突发事件、化解基层矛盾、服务人民群众为主要职责的最小应急单元,为推进超大城市治理现代化作出了有益探索。

此外,规范每个最小应急单元日常管理也是重要环节。"立码报"和"对讲机"是最小应急单元常用的调度工具。只要登录"立码报"系统,就能清晰看到各个最小应急单元队员的上岗情况。同时,使用"对讲机"则能迅速召集队员赶往现场。新版系统还增加了群指令、地图圈选、电子围栏等功能,能更加高效地提升最小应急单元工作效率。

为了让最小应急单元成员们没有后顾之忧,广州为参与巡防值守的广州街坊购买了保险,还制定专项奖励办法,对在参与巡防值守、响应区域联动调度中表现突出以及主动挺身而出制止违法犯罪行为的最小应急单元予以精神、物质双重奖励。

最小应急单元建设工作高质量的推进,为广州这座千年商都赢来沉甸甸的荣誉。例如,天河区2022年底被授牌命名为"平安中国建设示范区",全市最小应急单元建设得到中央、省领导高度认可,广州模板得到全省复制推广,市民群众获得感、幸福感、安全感更加充实、更可持续、更有保障。

"广州街坊"的自治模式为超大型城市的基层治理提供了可推广的经验。面对其他量级城市的基层治理,还需要从德治入手。党的二十大报告指出,在社会基层坚持和发展新时代"枫桥经验",及时把矛盾纠纷化解在基层、化解在萌芽状态。如何将中华传统文化和新时代"枫桥经验"有机结合,发挥本土文化优势解决基层矛盾从而达到"大事化小、小事化了"的目标?客家文化代表地梅州和潮汕文化代表地潮州给出了自己的答案。

梅州是中国客都,客家文化十分兴盛。在梅州市蕉岭县广福镇,有一座围屋家风家训馆。走进这座围屋家风家训馆,映入眼帘的是一排排关于家庭和顺、敦亲睦邻的家训家规。"远水唔救近火,远亲唔当近邻!""亲戚常来往,邻里勿结怨!"这些朗朗上口的客家谚语尽管精简,在化解矛盾上则发挥了大作用。当传统客家谣谚、家训与时代精神结合,能带来什么新惊喜?村(社区)党组织牵头,利用围屋建立家风家训馆和道德讲堂,积极支持村民搜集整理家教家训家风并"张榜公示",教诲子孙敦亲睦邻。近年来,广福镇巧用家训成功化解各类纠纷230余起。此外,综治中心还会同新时代文明实践中心(站),修订"红白喜事爱节俭、家庭和睦乐融融"等客味十足、耳熟能详的"村规民约""居民公约",村里大操大办、"天价"彩礼等陈规陋习得到改变。

祠堂是乡村公道、公德的一种具体象征。如今,广福镇各村里有涉及土地纠纷、家庭矛盾的大事小情,大家都习惯拿到祠堂"说道说道"。村里的祠堂也有了新身份——调解室。调解室有着不少于9名调解员。他们都是镇里聘请,入驻围屋就地开展调解工作的"编外调解员"——包括客家贤能、妇女、侨贤等力量,会同驻村法律顾问,并对接乡镇政法力量,对复杂纠纷"一对一"组建专班、精准调解。身为黄氏家族"叔公头"的黄忠铎就曾多次担任调解员。

他带着遇到纠纷的家庭来到祠堂,"搬出"先人的德善观,最终促成矛盾双方握手言和。

如今,围屋还在全镇法治建设中扮演大角色。广福镇依托客家围屋建设客家特色的法治教育基地、法治文化围廊,组建客家围屋普法团,结合围屋议事、夜谈等场合,开展普法述法、以案释法、巡回审判活动,让广大群众更好地知法守法用法。

品工夫茶是潮汕地区很出名的风俗之一,在潮汕本地,家家户户都有工夫茶具,每天必定要喝上几轮。即使是侨居外地或移民海外的潮汕人,也仍然保留着品工夫茶这个风俗。在潮州人的眼里,"宁可三日无食,不可一日无茶"。这种深厚的茶文化也巧妙融入了基层治理中。

喝杯茶,消消气,有事好商量。在"宁可三日无食,不可一日无茶"的广东省潮州市,凡有纠纷调解处必然有茶。2022年以来,潮州市大力推进"茶文化六步调解法",从识茶、醒茶、泡茶、斟茶、敬茶、悟茶六个步骤(识茶,甄别矛盾;醒茶,追根溯源;泡茶,公平公正;斟茶,把握分寸;敬茶,以礼相待;悟茶,纾解心结),健全矛盾纠纷识别、梳理、化解、善后等预防性制度规范,打造潮州特色文化调解品牌。

例如,潮州市生态环境局潮安分局在处理潮安区彩塘镇华美一村一个关于噪声的投诉案件中,将"茶文化六步调解法"引入调解当中,以茶为媒,用一杯清茶解"心结"。据介绍,一次潮州市生态环境局潮安分局收到潮安区彩塘镇华美一村陈某的投诉,称其隔壁工厂存在噪声扰民问题。收到案件后,通过"识茶"甄别矛盾,潮安分局执法人员发现陈某住在华美一村一处自建房,其隔壁为沈某开办的鞋面加工厂,机器在运行时产生了噪声影响到陈某的日常生活。陈某年龄较大,对噪声、气味等比较敏感。在了解陈某的诉求后,执法人员坚持问题导向,在"醒茶"中用足用细功夫。经判断,沈某开办的加工厂与陈某的自建房距离太近,加工厂机器产生的噪声通过墙体形成结构传声。陈某长期受到影响，便与沈某发生口角，这是引起本案争议的根本原因。追根溯源后，执法人员组织彩塘镇政府工作人员、华美一村村干部、加工厂负责人围坐在村委会进行调解。执法人员运用"泡茶""斟茶"方法，根据《信访工作条例》的有关规定，有的放矢开展释法，帮助加工厂负责人明晰问题根源。

同时，执法人员也告知工厂方，在矛盾无法解决的情况下可考虑搬迁，政府部门将为其搬迁选址提供协助。几杯香气四溢的热茶，数句温暖贴心的劝解，执法人员通过"敬茶"的方式，以礼相待，从情理法入手，耐心与当事人释法明理，纾解心结。

经潮安分局跟踪了解，该问题最终得到了妥善解决，至今投诉者没有再投诉噪声扰民问题，实现了矛盾纠纷源头化解、根本化解。

为了发挥"茶文化六步调解法"最大效用，潮州推出多元解纷体系升级版，在人民调解、司法调解、行政调解等领域全面推广该调解模式。"茶文化六步调解法"已被纳入年度平安潮州建设考评，推广落实情况将成为考核县区以及市成员单位"一把手"的指标。潮州市委依法治市办、市委平安办联合印发《关于全面推广潮州市"茶文化六步调解法"的实施意见》，并制定《潮州市"茶文化六步调解法"操作规程》。

目前潮州已打通市、县（区）、镇（街）、村（社区）四级平台，建成以诉调对接、警民联调、检调对接、访调对接、调援对接、律师参与信访等为支撑的"横向到边，纵向到底，环向到界"调解网络。同时组建讲师团深入农村、社区、机关、企业等开展宣讲，为全市近5000名调解员"补钙增能"。

据统计，自2023年以来，潮州市共运用"茶文化六步调解法"调解行政案件845件，调解成功655件，调解成功率达77.51%，"民转刑"案件持续减少。潮州两级法院共运用"茶文化六步调解法"调解案件2275件，调解成功率达64.39%，其中一审调撤率43.02%，同比提高15.72%，矛盾纠纷化解率和撤调率显著上升，真正实现"大事不出镇、小事不出村、矛盾不上交"。

（二）数字技术赋能社会治理

世界上不同国家都有自己的现代化进程，中国的现代化具有其他国家所没有的突出特点：人口最多、规模最大。进入21世纪，中国在经济社会等方面的高速发展与数字时代的来临高度重合，抓住了数字时代的发展脉搏。中国式现代化正在成为改变世界发展趋势与格局的关键力量。在工业化和信息化时代，中国的发展更多是学习、参考和追赶，而在数字时代，中国式现代化引领的中国发展已然走在了世界前列。无论是数字技术的研究，还是数字技术的经济社会应用，都显示出中国取得了重要进展与非凡成就。其中，广东继续发挥"敢为天下先"的精神，率先提出数字政府改革建设，尝试从广东省域治理"一网统管"实践案例出发，打造全国数字化治理示范省。

党的二十大报告提出，完善网格化管理、精细化服务、信息化支撑的基层治理平台，健全城乡社区治理体系，及时把矛盾纠纷化解在基层、化解在萌芽状态。近年来，江门市坚决贯彻落实习近平总书记关于基层治理的重要论述精神，充分发挥数字技术在社会治理中的应用效能，全力打造国家市域社会治理现代化标杆城市。

江门结合实战化需求重新划分网格，全市共划分2954个智慧网格，把村（社区）内的党建、政法综治、民政等各类网格整合成"一张网"，同时，全面建立镇（街）党（工）委—村（社区）党组织—网格党组织—党员联系户的四级组织体系，开发应用智慧网格地图，推进人、地、事、组织等要素进"网"入"格"，实现人往格中去、事在网中办、服务零距离，有事找网格员成为百姓共识。网格不仅在陆地上，也往海上延伸。作为海洋大市，江门组建海上网格，网格员通过开展渔民渔船码头管理、海岸线巡查、安全生产、防洪防汛等工作，有效收集和解决渔民的急难愁盼问题。

"信访超市"是近年来江门创新社会治理的生动实践。家住江海区外海街道的谭女士的丈夫在工作时晕倒了，送医院全力抢救后仍无法康复。谭女士与丈夫工作的公司在支付生活费和后续治疗费上产生分歧，急需帮助。为此，她找来了经常联系的网格员，说出了自己的烦恼。网格员用手机打开"信访超市"应用系统，边听边记录。"现在我给你录入，上传平台，我们后续会协调这个事情。"不久，外海街道"信访超市"启动"基层发令、部门执行"机制，召集区人社局、镇司法所等部门，和涉事公司与谭女士协商，同时帮助她解决医保报销等问题。截至2023年10月，江门已通过全市73个镇（街）设立"信访超市＋外送服务"站点，实现了1330个村（社区）外送服务全覆盖。同时，建立起"基层发令、部门执行"机制，健全信息收集、问题发现、任务分办、协同处置、结果反馈等闭环工作机制，并组建由1.3万名基层诉求服务人员（由网格员、调解员、社工、基层信访服务人员等构成）、1474名十大重点领域专业调处人员、245名高端专家组成的专业团队，面向群众服务，主动把多元调处和暖心服务送达群众。

近年来，江门构建"综合网格＋综治中心＋'粤平安'云平台"全覆盖立体式工作体系，不断推动现代科技与基层社会治理深度融合。截至2023年1月，江门682个业务信息系统实现"一网融合"。上线"中小微企业诉求快速响应平台"，构建起企业诉求"117"即接即办快速响应体系（1小时接单回复，1天内提出解决方案，最迟7天内办结）。2022年6月1日上线以来，共受理诉求6630宗，已办结6592宗，满意度99.42%。"小事不出网格"，2021年9月作为"粤平安"试点以来，江门通过"粤平安"平台办理群众诉求11.8万多件，办结率达97.46%，部门响应率100%，老百姓感受到党委政府服务群众效率显著提升。

2023年以来，广东探索以"1+6+N"（1指"综治中心"，6指"法院、检察院、公安机关、司法行政机关、综合网格、'粤平安'社会治理云平台"，N

指"其他综治力量")工作体系建设推进基层社会治理,破解基层矛盾纠纷预防化解难题。2024年,广东各级党委社会工作部门组建完成,在实践中不断健全社会工作体制机制,认真履行社会工作部门职责任务,坚定不移走中国特色社会主义社会治理之路。

广东在社会治理领域的创新实践层出不穷,为新时代的"枫桥经验"贡献了丰富的广东特色成果。守正创新,第一,要在理念上创新,以市场机制激活社会治理,使市场在资源配置中起决定性作用。广东社会治理创新实践表明,可以通过市场机制有效推动社会治理,让社会治理的市场化推动社会治理朝社会化、法治化、智能化、专业化方向发展。第二,要在机制上创新,将加强基层党建、巩固党的执政基础作为贯穿社会治理和基层建设的红线,规范市场机制参与社会治理。广东社会治理创新实践表明,要把党领导一切的政治优势和组织优势同企业的市场优势和服务优势有机结合,统筹发展与安全、活力与秩序、效率与公平,不断推进社会治理现代化发展。第三,要在模式上创新,充分发挥市场机制的制度优势,推动党政"大包大揽"模式向党政、企业和社会协同发力模式的转变。广东社会治理创新实践表明,要顺应市场机制激活社会治理的世界变革趋势,以市域、区域、镇域三级平台实现党和政府紧密联系人民群众的目标,构建精简高效基层治理体系,营造共建共治共享社会治理格局。

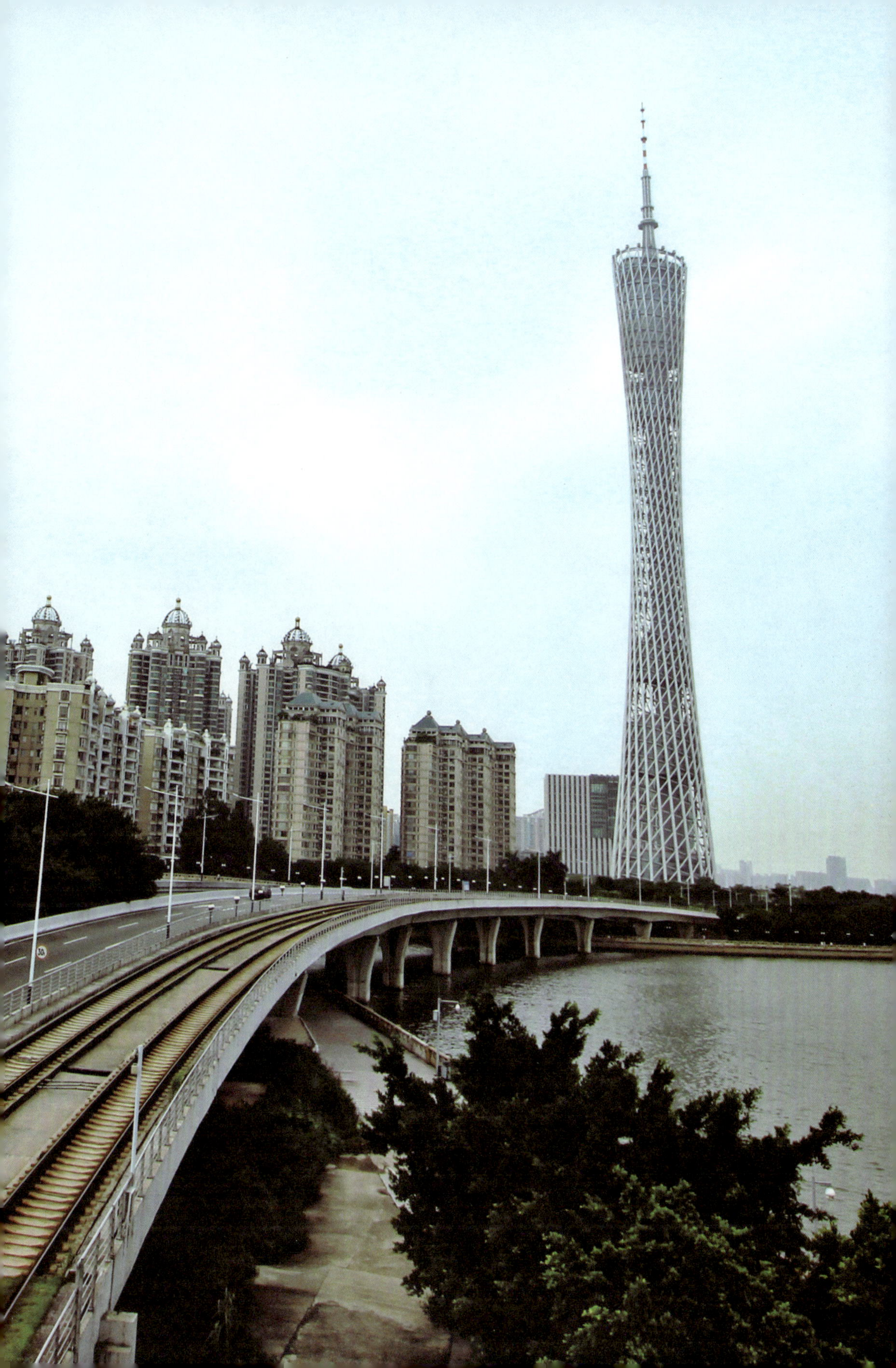

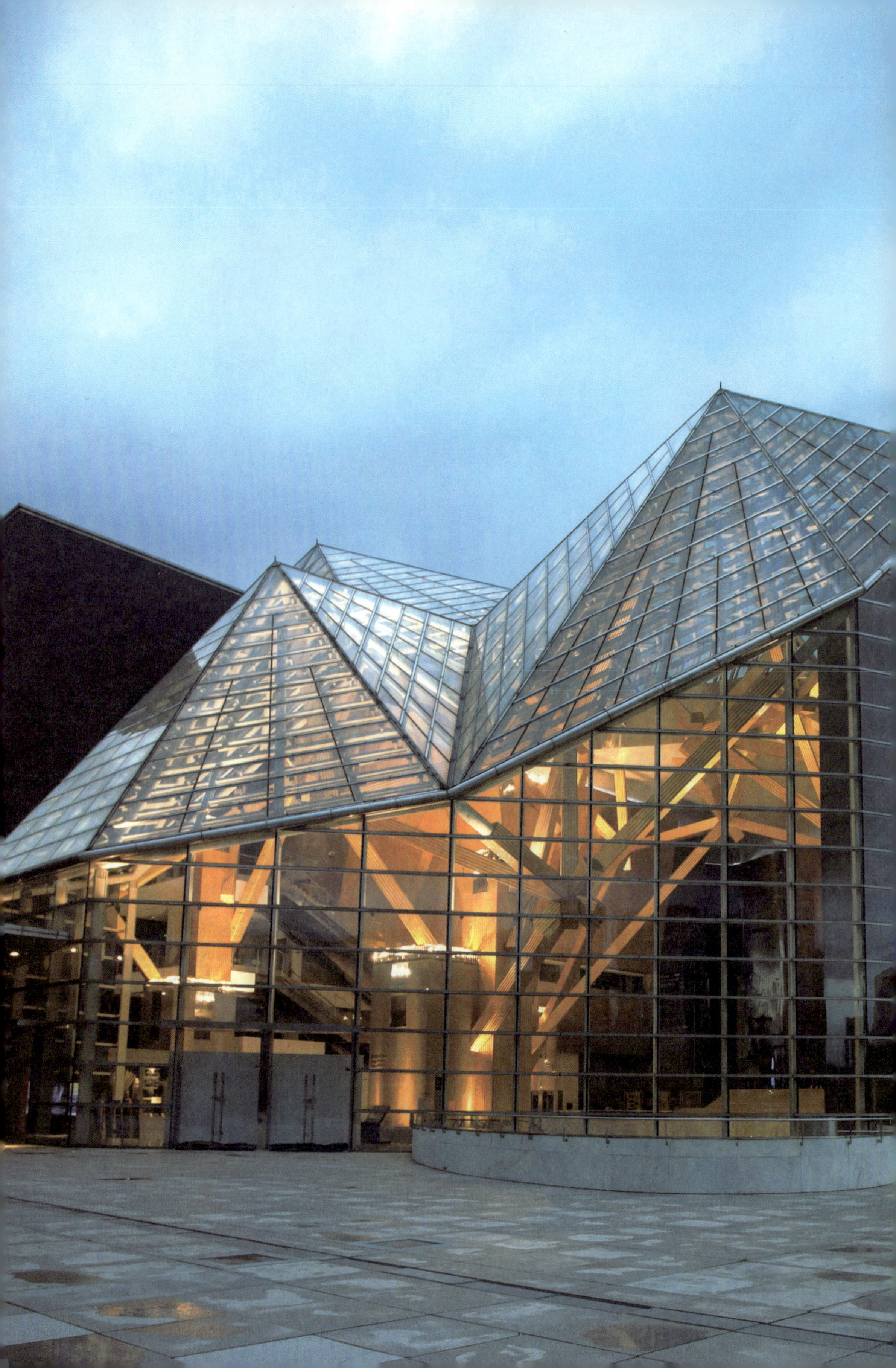

第六章

在推进中国式现代化建设中走在前列

党的十八大以来,广东深入学习贯彻习近平总书记重要指示批示精神,始终把习近平新时代中国特色社会主义思想作为指导一切工作的指南针,广东改革开放和现代化事业取得长足进展。为不断充实和丰富中国式现代化的路径,提供了高质量的实践模板、示范标杆。

征程万里风正劲,重任千钧再出发。2023年4月,习近平总书记在广东视察期间强调,广东要成为"新发展格局的战略支点、高质量发展的示范地、中国式现代化的引领地"("一点两地"),赋予广东独特的使命和战略定位,为广东新的发展指明了前进方向,注入了蓬勃的生命力。新的历史征程上,广东肩负着崭新的历史使命。

一、"一点两地"的新使命

"一点两地"的战略定位，在时代的坐标轴上清晰勾勒出广东的历史方位，并在战略层面上凝聚了大湾区所具备的叠加优势。

近年来广东竞争优势日益巩固和提升，发展的底气越发充足。自《粤港澳大湾区发展规划纲要》实施以来，广东已经取得了阶段性的成就。大湾区拥有得天独厚的交通区位条件，国际化水平令人瞩目，经济活力迸发，产业体系完备，创新要素汇聚。与世界上著名的纽约湾区、旧金山湾区和东京湾区相比，粤港澳大湾区的面积超过前三者之和，常住人口已突破8600万，过去10年间人口净增长率遥遥领先，释放出强大的吸引力，成为"近悦远来、群英荟萃"的区域。如今，粤港澳大湾区的产业竞争力更加强大，正迅速向全球价值链中高端迈进。截至2022年，粤港澳大湾区的经济总量已超过13万亿元人民币。实践证明，尽管当前世界经济充满不确定性，但广东九市（广州、佛山、肇庆、深圳、东莞、惠州、珠海、中山、江门）的参与，具备充足条件和能力，使粤港澳大湾区建设行稳致远。

"一国两制"实践的内涵更加丰富，创新的空间更加广阔。粤港澳大湾区充分发挥综合优势，创新体制机制，促进要素流动，粤港澳三地的协作步入佳境。三地之间既有"硬连接"，如广深港高铁等将打造"轨道上的大湾区"，港珠澳大桥飞架三地，深中通道海底隧道成功合龙，"澳车北上""港车北上"

第六章　在推进中国式现代化建设中走在前列

相继实施；又有"软联通"，如"深港通"落地实施，部分职业资格互认，湾区标准规范衔接；还有"心相通"，得益于日益高效的通关模式和良好的营商环境，港澳居民来粤投资创业、居住生活更加便利，大湾区日益成为港澳居民追寻梦想的舞台。

成为新发展格局的战略支点，意味着广东需要准确定位在国内大循环和国内国际双循环中的位置和优势，将构建新发展格局与推进大湾区建设紧密结合，注重提升在新发展格局中的支撑、链接和服务功能。大湾区拥有巨大的需求和市场优势，广东应充分发挥自身优势，为国家畅通国民经济循环奠定坚实基础；同时，大湾区还应发挥其在创新和科技自立方面的优势，为国内大循环畅通、在国际大循环中展现新的优势提供重要支持；此外，大湾区产业链供应链较为完善，制造业也相对发达，这为稳固国内大循环地位以及在国际大循环中带动能力提供了有力保障。广东正加快推进粤港澳三地经济规则衔接和机制对接，使要素流动更加便捷，成为全国统一大市场构建的示范引领。

打造高质量发展的示范地，意味着在形成高质量发展动力源方面作出更大贡献。党的二十大将高质量发展作为首要任务，凸显了其在国家现代化建设中的重要性和长远意义。因此，高质量发展是广东完成新历史使命的根本出路。

在拓展中国式现代化路径和丰富现代文明样貌方面，广东将以更大的气魄，打造中国式现代化的引领地。中国式现代化创造了人类文明新形态，呈现出与西方现代化模式不同的新景象。将广东定位为"中国式现代化的引领地"意味着我们需要从发展维度跃升到文明维度，广东既要成为全国经济重要增长极，又要承担起新的历史使命，书写中华民族现代文明的广东篇章，成为展示中华民族现代文明的重要窗口，为建设具有中国式现代化独特特质的国际一流湾区作出更大贡献。

打造中国式现代化的引领地还需要广东在国际交流与合作中发挥重要作用。

先行南粤

充分利用大湾区的对外开放水平和市场规模优势,吸引世界各地的企业和人才,促进国内外市场规则体系的对接转换,提高国内外资源配置的效率,增强在激烈国际竞争中的竞争力。

广州南沙位于广州珠江出海口虎门水道的西岸,南沙地处交通要道,与香港隔海相望。从古老的商业繁荣到现代的国际门户,广州南沙是一个承载着历史与未来的地方,这里曾经见证了千年的商业繁荣。

广州南沙灵山岛观海大桥

作为粤港澳大湾区的一颗明珠,广州市南沙区近年来蓬勃发展。正焕发出新的活力,成为广东通往海洋、走向世界的重要门户枢纽。

2022年6月,国务院印发《广州南沙深化面向世界的粤港澳全面合作总体方案》,将南沙定位为"打造立足湾区、协同港澳、面向世界的重大战略性平台"。南沙积极推动开发、开放和提质增效,先进制造业和战略性新兴产业逐渐崭露头角。

南沙吸引了全球先进技术、资金和人才等高端生产要素的汇聚,为粤港澳大湾区构建"一点两地"的新使命提供了有力支持。截至2022年,南沙的经济总量突破了2200亿元,增速位居广州市之首。

在广州南沙的明珠湾灵山岛尖眺望远方,可以感受到这片土地上正迸发出的生机与活力。一辆辆全无人自动驾驶出租车在马路上畅行无阻。南沙独角兽企业小马智行于2023年4月获得了广州市首个远程载客许可,其自动驾驶出行服务(Robotaxi)获准在南沙开展,车内无须安全员。这项创新服务让市民通过手机软件呼叫一辆真正无安全员的自动驾驶车辆,前往各种目的地。这背后是南沙正在全力打造的"整车-新能源汽车研发制造-汽车零部件基地-智能网联汽车"的产业集群生态链,该生态链将为新能源和智能网联汽车产业的发展提供坚实基础。

南沙的产业不断向新领域、实际需求发展,并且正在探索未来之路。如今,南沙加快发展以芯片和集成电路研发制造为核心的产业,涉足航空航天、人工智能、生物医药等创新领域。南沙承载着战略性新兴产业和未来产业的希望与晨光,以强化高端装备制造、智能制造、汽车等为目标,不断推动技术创新和产业升级。

在2023年的前8个月里,南沙区的货物进出口总额达到2048.98亿元,同比增长31.3%。同时,南沙还开通了158条国际班轮航线,实现了超过1269万标箱的集装箱吞吐量。2023年上半年,南沙汽车口岸出口了1.69万辆新能源汽车,同比增长了5.6倍。南沙港铁路也开通了中欧、中亚班列,海铁联运突破了10万标箱。在这里,"陆上丝路"与"海上丝路"无缝衔接,打造出独具特色的海陆双向国际物流通道。南沙正成为连接世界各地的纽带,为进出口贸易和物流运输提供了高效便捷的平台。

如今的南沙,正成为一个拥抱广阔天地的枢纽,以其开放的制度和与港澳的合作精神展现出面向世界的锐意进取。在粤港澳大湾区的建设下,南沙以独特方式开创了前所未有的先例。在"一个国家、两种制度、三个关税区、三种货币"的复杂条件下,南沙将"制度之异"转化为"制度之利",以"粤港澳全面合作"为使命不断前行。

南沙率先在全省建立了"南沙政务港澳服务中心",打造内地与港澳相互衔接的服务平台,深化港澳政务服务共融共通。此外,南沙还建立了港澳人才职称评价机制,为有职业资格的港澳人才提供直接申报高级职称的通道。南沙还将内地全程电子化商事登记服务延伸至境外地区。粤港澳全面合作在这里得到不断深化实践。

南沙通过制度型开放加速要素流动,助力粤港澳大湾区的互联互通。未来,中国企业的"走出去"综合服务基地将在南沙提供政策咨询、投资促进、金融财税、风险防范、争议解决等一站式服务,成为国际一流的企业跨境投融资综合服务平台,并促进"一带一路"国际合作。

每天,来自世界各地和通往五湖四海的商品涌入南沙。南沙利用庞大的数据资源助力贸易流通,首创了全球溯源中心。这个全球溯源中心已经迭代到第四代,融合了大量数据资源,其中蕴藏着巨大的数字经济潜能。

南沙正在按照精明增长、精致城区、岭南特色、田园风格、中国气派的理念进行深度规划和设计,推进未来城市建设试点。南沙以点带面,先行启动庆盛枢纽、南沙湾和南沙枢纽三个区块的开发,加快形成连片开发态势和集聚发展态势。南沙正积极努力成为立足湾区、协同港澳、面向世界的重大战略性平台。它吸引着国内外先进科技和资本，加速发展现代化产业和数字经济，为粤港澳大湾区建设贡献力量。

广州南沙不仅是一个经济发展的热土，也是一个文化薪火相传的地方。历经千年的商业繁荣赋予了这里独特的历史底蕴和文化氛围。在现代化建设的过程中，南沙注重保护和传承优秀的传统文化，让当地的历史、文化和特色成为现代化建设的独特元素。

未来，期待着南沙继续拥抱变革，加快创新步伐，在技术、教育、文化等领域持续推进改革创新，以国内大循环为主体、国内国际双循环相互促进的新发展格局发挥独特作用。期待着南沙成为展示中华民族现代文明的重要窗口，向世界展示中国式现代化的独特魅力。南沙将引领粤港澳大湾区踏上更高的发展层次，为广东的繁荣与进步作出重要贡献。

故事还在继续，广州南沙将书写出更加辉煌灿烂的篇章！

二、百县千镇万村高质量发展

2022年12月8日,中共广东省委十三届二次全会通过了中共广东省委关于实施"百县千镇万村高质量发展工程"促进城乡区域协调发展的决定。这个决定意在贯彻党的二十大精神,推动广东全省县镇村的高质量发展,解决城乡区域发展不平衡和不充分的问题。

广东一直致力于深入推进乡村振兴战略,努力构建"一核一带一区"区域发展格局,以期推动城乡区域协调发展取得重要进展。然而,广东在实现高质量发展方面面临一些短板:县域经济总量较小、增长缓慢、总体发展水平较低,缺乏动力;一体化发展政策体系不健全,导致资源从乡村流向城市的趋势未能扭转。要克服这些问题,就必须坚持问题导向,遵循经济社会发展规律,正确引导城乡融合发展,将县域作为关键切入点,深入细化"核""带""区"的发展,充分考虑先发地区和后发地区的协同发展,科学确定县、镇、村的功能定位,并将各级优势资源有机统筹起来。因此,"百县千镇万村高质量发展工程"的实施成为进一步拓展发展空间、畅通经济循环的重要战略举措,是满足人民对美好生活新期待的内在需求,也是提升新型工业化、信息化、城镇化、农业现代化水平的紧迫任务,对于广东在全面建设社会主义现代化国家过程中走在全国前列、创造新的辉煌具有重要意义。

广东全省有122个县、1609个乡镇、2.65万个行政村将成为"百县千镇万村高质量发展工程"的主要推动力量。习近平总书记强调，城乡区域发展不平衡是广东高质量发展最大的短板，我们应该努力将这个短板转变为"潜力板"。在全省高质量发展大会上，广东省委提出了"再造一个新广东"的目标，特别强调要突出县域振兴，全力推进城乡区域协调与高质量发展。因此，广东要在推进中国式现代化建设中走在前列，关键在于在县域经济发展方面走在前列。广东经济发展最突出的短板就是县域经济，尤其是沿边县域的滞后。为了解决这一问题，"沿边县域开发战略"成为化解广东城乡区域发展不平衡和不充分、实现"再造一个新广东"的重要举措。

为了顺利推进"百县千镇万村高质量发展工程"，广东省民政厅发布了《"百社联百村——助力百千万工程"专项行动实施方案（2023—2027年）》，旨在推动社会组织参与乡村振兴和城乡区域协调发展。通过实施"百县千镇万村高质量发展工程"，未来广东省将进一步促进城乡区域协调发展，缩小城乡差距，提高农民收入水平，增强农村发展活力，实现全面建设社会主义现代化国家的目标。同时，这也将为其他地区乡村振兴和城乡发展提供有益借鉴和参考。

在广东省，共有57个县（市），占据全省土地面积的71.7%，但常住人口仅占全省的28.0%，而地区生产总值只占全省的12.4%。这种县域经济发展与广东作为全国经济第一大省的地位极不相称。因此，县域经济的高质量发展成为决定广东经济成效的关键。

在2023年11月6日召开的广东省推进"百县千镇万村高质量发展工程"促进城乡区域协调发展现场会上，宣布了"百千万工程"首批典型县镇村名单。入选的22个县（市、区）、110个镇和1062个村（社区）将成为推进"百县千镇万村高质量发展工程"的示范单位。自2023年开始，广东省的20000多个行政村根据本地实际情况发展特色产业和文旅产业，进一步延伸农业产业链，加快构建现代乡村产业体系，积极推动乡村建设行动，打造人与自然和谐共生的绿美城乡。近年来，雁田村的发展就是一个例证。

先行南粤

雁田水库碧波荡漾、秀丽如画。公园巷道整洁优美，每个角落都散发着花香。科技金融中心拔地而起，展现着前景广阔的未来。厂房商铺鳞次栉比，人声鼎沸，街道两旁完善的设施和整洁的马路，穿梭着行人和车辆。欢快的笑声回荡在雁田村，仿佛一幅美丽的画卷正在眼前展开。

位于广东省东莞市凤岗镇的雁田村，与深圳市龙岗区和平湖区毗连，距离罗湖中心区21千米，离香港只有30千米。改革开放前的雁田村可谓一穷二白，乘着改革开放的春风，雁田利用特有的人文地理优势，在1980年办起的第一家"三来一补"工厂，大力推进招商引资，不断壮大集体资产，凭借"团结奋斗、求实创新、和谐安定、厚德包容"的精神，创造了一片新天地。如今的雁田下辖9个自然村，常住人口超过4000人，外来人口超过10万人。作为东莞凤岗镇"百县千镇万村高质量发展工程"的重要组成部分，雁田村正以党建引领为核心，统筹整合各方资源，全力推进产业型典型建设，逐渐将"施工图"变为"实景画"。截至2023年9月底，雁田村的出租物业总面积已经达到70.5万平方米，总资产高达97亿元（包含下属单位和分社），总收入达到了7亿元，纯收入更是达到了3.5亿元。

目前，雁田村正致力于成为广东省东莞市"百千万工程"的标杆村。根据《凤岗镇雁田村全面推进百千万工程打造产业引领标杆村实施方案》的征求意见稿，雁田村计划构建"一核两轴、一廊四区"的结构，以展示新兴产业、多元投资、工业园改造、莞深创新融合、民生幸福和基层治理六大示范，并开展十大行动。雁田村注重产业引领特色，着重在引育新兴产业、集体经济多元投资和村级工业园改造等方面，成为集体经济创新发展的典范。

雁田村始终坚持党建引领，深入实施"百县千镇万村高质量发展工程"，筑牢推进乡村振兴的坚强战斗堡垒。新时代的雁田加快了高质量发展的步伐，绘制出了一幅雁田村业兴村强、民富人和、美丽宜居的画卷。一个个荣誉记载着雁田人民的奋斗之路，"东莞市'无毒小区'""广东省卫生村""广东省文明村""广东省先进基层党组织""全国文明村镇""全国乡村治理示范村""全国民主法治示范村""全国综合减灾示范社区"等一个个荣誉称号,激励着全体村民砥砺前行。雁田重视精神文明建设,打造出租屋文明共享计划试点,选取毕岭居民区,打造文明出租屋共享空间片区,鼓励出租屋租住人员积极参与文明实践活动,引导居民积极参与文明实践,营造共建共治共享的治理格局。

乘着时代的东风,雁田村正全力打造着"百千万工程"的样板。机不可失,时不再来,雁田紧紧抓住广东省全面启动实施"百县千镇万村高质量发展工程"的机遇,以党建引领为核心,秉承群众路线,以乡村振兴为目标,以科技创新为动力,推动智慧、金融、宜居、绿色的高质量发展。

在 2023 年 6 月 5 日,雁田村召开了全面推进"百县千镇万村高质量发展工程"工作会议。随后,在凤岗镇率先出台了村级的"百千万工程"实施方案。雁田村计划在 2023 年底前确保村组两级总资产突破 100 亿元,并在 5 年内将村庄打造成为大湾区的明星村和"百千万工程"的样板。6 月 30 日,"凤岗第一高楼"天安国际电子中心封顶。这座建筑占地约 4741 平方米,总建筑面积为 76539 平方米,高 150 米,共 34 层。这座标志性建筑的竣工,预示着凤岗镇雁田村的发展潜力正在迅速爆发。作为深圳都市圈规划中最大的受益者之一,雁田必将吸引更多的资源聚集,成为粤港澳大湾区一颗璀璨的明珠。得利钟表是东莞制造业的名片。7 月 21 日上午,位于雁田的东莞市得利钟表智能制造项目正式奠基。该项目由东莞得利钟表有限公司投资约 12 亿元,用地面积为 42209.8 平方米。该项目是东莞市重大"工改工"项目,主要从事钟表和时尚配饰产品的研发、设计、生产及销售,并致力于打造钟表和时尚配饰行业的全供应链数字化产业集群基地。预计该项目建成后,年产值将达到约 8 亿元,年税收贡献约 7800 万元。

雁田村坚持以制造业为支柱,推动"工改工"旧改,实施多元化发展,努力开创雁田现代化发展的新篇章。雁田村紧抓粤港澳大湾区建设的重大机遇,

先行南粤

抓住深惠城际凤岗站和省人工智能特色小镇落户雁田的机遇，推动"智慧雁田、科技雁田、金融雁田、绿色雁田"的建设，为高质量发展奏响铿锵的乐章。聚焦"科技创新＋先进制造"，深化产城融合，推动人工智能新发展格局，重点依托天安、京东等重大项目以及深惠城际铁路（凤岗）站等交通项目，夯实高质量发展的基石。

同时，雁田以产业发展为引擎，促进集体经济持续壮大。通过加快集聚创新产业、培育新型业态，不断提升集体收入，推动产业质效双提升。依托京东智谷、凤岗天安数码城等重大项目，采用土地入股方式，进一步集聚大湾区人

雁田夜景（社区宣传委员供图）

第六章 在推进中国式现代化建设中走在前列

雁田精神（社区宣传委员供图）

工智能及相关创新平台、创新企业和创新要素，推动人工智能成为村庄产业兴旺的核心引擎。两个项目建成投产后，预计每年将创造约 800 亿元的产值和 50 亿元税收。

雁田村决心聚焦在"科技创新+先进制造"发展定位上，紧紧围绕着"大产业、大平台、大项目、大企业、大环境"五个要求展开工作。雁田人正怀揣着坚定的信心和决心，迅速行动起来，勇于实干，努力成为东莞市高质量发展的"领头羊"。

"增进民生福祉，提高人民生活品质。"雁田村以高质量的党建工作引领推动乡村全面振兴，努力改善人居环境，各项民生保障工作逐步得到落实，同时积极推进"文化强村"建设，深化发展新时代文明实践中心和各类惠民基础设施建设，真正解决群众所关心的紧迫问题，让群众享受更多实实在在的好处。

2023 年 7 月 6 日，凤岗镇雁田社区卫生服务站（新站）正式揭牌启用。这个设施一改过去简陋的就医环境，配备了全新的医疗设备和设施。如今，群众可以在"家门口"享受到多形式、多功能、多维度的医疗保健服务。

针对室外文体设施不足的问题，无法满足居民休闲健身需求的短板，雁田村充分利用闲置土地、插花地和边角空地等区域，建设了一批休闲健身场所，全面提升了该村的高质量发展软实力。

如今的雁田村经济稳步发展，社会平安稳定，人居环境逐步改善，社会公共服务体系日益完善，五个文明协调发展，人民群众的获得感、幸福感和安全感全面提升。

2023年6月14日，东莞市委组织部开展了党建引领高质量发展的"旗峰亮见"之乡村"振兴有道"擂台赛活动。雁田村获得了市乡村"振兴有道"擂台

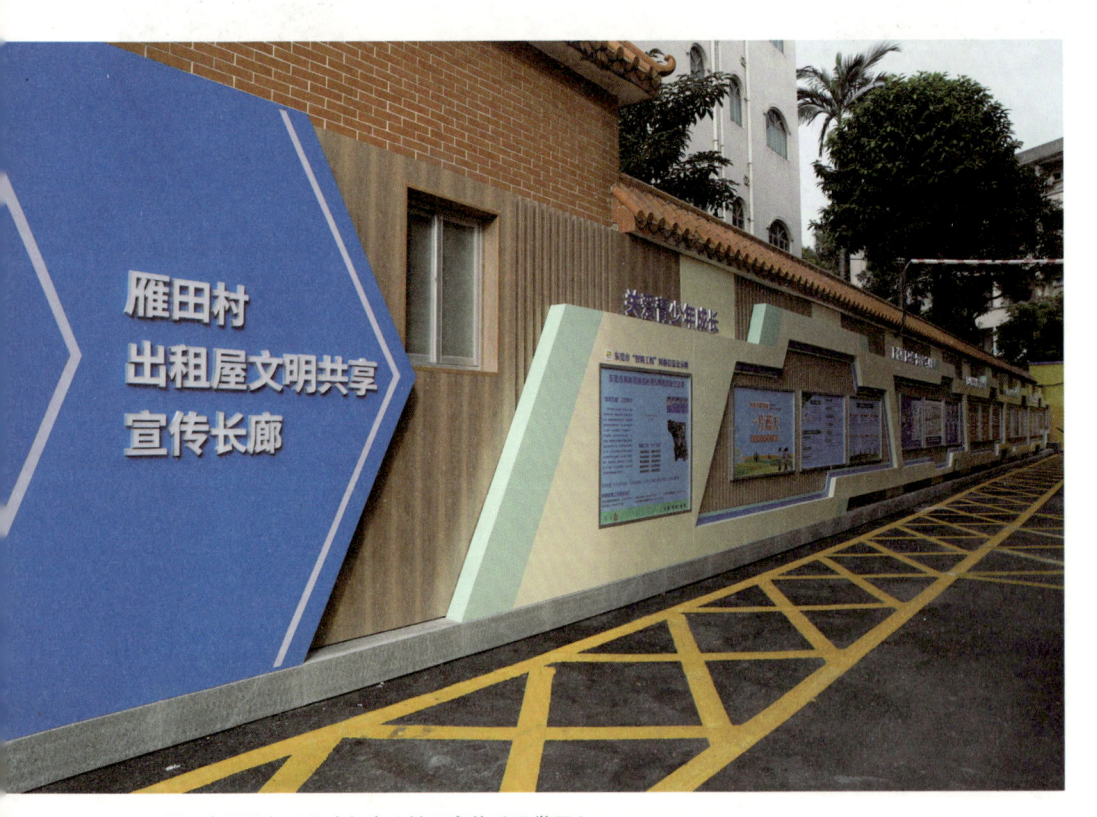

雁田出租屋文明共建长廊（社区宣传委员供图）

赛金榜三等奖。

雁田村正扎实推进乡村振兴战略，以"临深区位转为融深优势，打造莞深创新融合村"为工作思路，以党建引领赋能、城市升级赋能、合作开发赋能、产业平台赋能、资本运营赋能、空间拓展赋能、交通提升赋能和综合环境赋能等八个方面为工作举措，努力将雁田打造成为大湾区的明星村和"百县千镇万村高质量发展工程"的样板村。

三、打造海上新广东

广东被誉为海岛大省，拥有 1963 个美丽的海岛。其中，有 57 个海岛居住着幸福的居民，1906 个海岛则无人居住。这片土地上的海岛岸线总长度约达 2378 千米，使得广东在全国海岛数量和岸线长度方面位列第三。海岛总面积更是达到了 1513 平方千米，位列全国第二。

广东省 14 个沿海市都分布着海岛，有些海岛靠近港澳，背靠广阔的腹地，

盐田社区卫生服务站（新站）外景（社区宣传委员供图）

海域中航道密集，方便与全球其他国家和地区往来，享有突出的区位优势。这里的海洋资源给了广东一片丰饶的土壤，让广东人民能够向海洋索取食物。正是凭借这样的多维度构建"蓝色粮仓"的举措，广东的海洋经济迈入了高质量发展的"快车道"，海洋经济总量连续28年居全国首位。数据显示，2022年广东省海洋生产总值达到了1.8万亿元，同比增长5.4%。

为了更好地管理和保护这些美丽的海岛，广东省自然资源厅在自然资源部的指导下制定了一系列海岛管理措施。这些措施涵盖了海岛调查、保护规划、开发利用审批、市场化出让、生态修复和历史遗留问题处置等方面，并取得了显著成效。

2023年，自然资源部公布了首批"和美海岛"示范创建名单，东澳岛、海陵岛、南澳岛、上川岛、外伶仃岛、桂山岛和三角岛等7个海岛榜上有名。这项示范创建工作提高了广东海岛的知名度，有效促进了海岛地区生态环境的改善，提升了人居环境和公共服务水平，增强了公众对海岛保护的意识，推动了海岛地区实现绿色低碳发展。

2023年6月20日，中共广东省委十三届三次全会召开，决定了"锚定一个目标，激活三大动力，奋力实现十大新突破"的"1310"具体部署。会议要求全面推进海洋强省建设，在打造海上新广东方面取得新突破，构建科学高效的海洋经济发展格局。广东正努力打造现代海洋产业，包括海洋牧场、海上能源、临港工业和海洋旅游等领域，同时加强涉海基础设施、海洋科技和海洋生态等方面的支撑保障，为广东的改革发展注入了源源不断的"蓝色动力"。在广东省委的具体部署下，广东坚定地唱响了"海洋牧歌"，全力推动海洋强省建设，使得"蓝色经济"迈入了快车道，成为推动广东高质量发展的新动能。

广袤的海域和绵长的海岸线，是得天独厚的海洋资源优势。广东逐渐将海洋资源优势转化为发展优势，加快建设海洋强省的步伐。根据《广东省海洋经济发展报告（2023）》，2022年广东海洋生产总值名义增速较地区生产总值名义增速高出 1.84 个百分点，海洋经济对地区经济的贡献率达到 20.9%。

广东立足于海洋资源禀赋，坚持陆海统筹、山海互济。通过深化粤港澳大湾区海洋经济合作，加快建设深圳全球海洋中心城市，广东力图成为向海开放的高地。同时，汕头、湛江两个省域副中心城市也在打造重要发展极，并推动形成信息化、智能化装备技术为支撑的近浅海与深远海绿色生态协同发展的新格局。

广东不仅致力于建设海洋强省，还积极发展现代化海洋产业，做大做强做优海洋牧场、海上能源、临港工业和海洋旅游等现代海洋产业，进一步提升全省海洋产业的国际竞争力。

近年来，广东通过"粤强种芯"工程，成功培育出多种海水优势鱼种，构建起多元化食物供给体系，稳居全国第一的水产品总产量和养殖产量。广东正努力打造水产种业"南繁硅谷"，推动现代海洋产业的加速发展。

得天独厚的海洋资源和交通枢纽优势，是广东开发海洋经济的潜力所在。同时，广东也在加强蓝色生态安全屏障的建设，持续强化涉海基础设施、海洋科技和海洋生态等方面的支撑保障。通过一系列努力，广东的蓝色经济活力不断激发，未来海上新广东荣耀之花将更加绽放。

同时，广东正加快推进绿美广东生态建设，以筑牢蓝色生态安全屏障为目标。其中，深圳的"国际红树林中心"被高标准打造，同时湛江雷州、湛江徐闻、惠州惠东、江门台山等四个万亩级红树林示范区也在加快创建。广东不仅致力于发展海洋经济，还持续推进海洋生态保护修复，实施自然岸线保护修复、魅力海滩打造、海堤生态化、滨海湿地恢复和美丽海湾建设等"五大工程"。截至 2022 年，广东沿海城市已建有 4 处国际重要湿地和 2 处国家重要湿地，并建设了 13 处国家湿地公园，同时加快创建万亩级红树林示范区，打造世界级生态保护新名片。

广东的海洋清洁能源产业蓬勃发展，以海上风电为代表，产业规模快速扩张。目前，阳江已成为国内规模最大、产业链最全的风电产业制造基地；国内首台深远海浮式风电装备"扶摇号"也落户湛江徐闻罗斗沙海域。截至2022年，广东省海上风电建成投产装机约791万千瓦，占全国海上风电总装机量的26%，位列全国第二。广东海洋经济近年来取得了显著成就。已建成珠三角高端海洋工程装备制造基地和海上风电基地，海洋科技领域达到国内领先水平。涉海经济主体发展迅速，大型企业逐渐进入涉海领域。海洋生物医药产业链完整，包括功能性食品、保健品、化妆品和海洋药物等领域。海洋工程装备制造业形成了上中下游全产业链，并在深圳、广州、珠海等地形成集聚区。新技术和产品的研发取得重大突破，例如井口架、移动平台和海上通信系统等。海洋可再生能源产业以海上风电为主也有良好发展势头。广东正在全面推进海洋强省建设，湛江是其中重点发展区域之一，充分利用其资源禀赋，加强海洋产业发展。湛江致力于推动近海养殖向深远海转移，发展智能化养殖和鱼类精深加工等领域，

清晨的湛江

实现养殖业的可持续发展。

湛江市在广东省发挥了其渔业优势,努力打造海上的"田园牧歌"。湛江经开区已建设了6309公顷的海水养殖面积和1933平方千米的渔业用海区,并形成了现代海洋渔业产业体系,集养殖、捕捞和加工于一体。

截至2022年,湛江水产品产量达到125.5万吨,占广东省水产品产量的14%,总产值达274.6亿元,连续20多年居全省首位。湛江还自主培育了118个水产种类,水产种苗场方面的机构有480家,解决了对虾种质资源长期依赖进口的问题。

2023年4月10日,习近平总书记考察湛江时提出,要树立大食物观念,既向陆地要食物,也向海洋要食物,通过耕海牧渔,建设海上牧场和"蓝色粮仓"。习近平总书记强调了种业作为现代农业和渔业发展的基础,要注重发展深海养殖装备和智慧渔业,推动海洋渔业向信息化、智能化和现代化转型升级。这为湛江制定经海发展战略提供了指引和方向。

从区位来看,湛江地处粤、琼、桂三省(区)的交汇处,是中国西南各省通往国外的重要出海口,也是中国大陆通往东南亚、非洲、欧洲和大洋洲最短航程的关键口岸。湛江位于几大国家战略的交汇处,东邻粤港澳大湾区,南靠海南自贸区,北近北部湾城市群。它是连接中国大陆与东南亚、中东、非洲、欧洲和大洋洲最短航程的核心地带,也是广东对接东盟国家的重要门户。湛江还是粤西地区唯一的"一带一路"海上合作支点城市,连接粤港澳大湾区、北部湾城市群和经略南海的重要枢纽。湛江徐闻古港是汉代海上丝绸之路最早始发港。

全球海洋中心城市正在成为沿海城市竞争的新赛场,湛江具备与国内外城市竞争的条件。丰富的海洋资源和得天独厚的区位优势,将为湛江发展提供深厚的潜在优势。

俯瞰整个湛江,拥有华南最大的天然深水良港,海域面积达2.1万平方千米,超过陆地面积的1.6倍。它还拥有130多个大小岛屿,包括中国第五大岛

湛江湾大桥交通建筑

屿东海岛和第七大岛屿南三岛，以及49万公顷的浅海滩涂和101个港湾。湛江在全球水产经济中扮演了重要角色。全球渔业以中国为焦点，中国渔业又以广东省为中心，而广东省的龙头则是湛江市。2022年，全国水产品总产量达到6865.91万吨，其中养殖产量占全球60%以上。中国是全球水产第一大国，而广东省则是全国水产第一大省，总产量为906.6万吨。湛江市作为广东省水产产量第一的城市，水产品产量达到125.5万吨。

湛江市集合了丰富的资源禀赋和区位优势，向海洋发展是必然的经济升级过程，也是服务国家战略、经略海洋的时代使命。大力发展海上牧场成为湛江市挺进深海的重要抓手。

从古至今，湛江一直以其丰富的海洋资源和繁荣的水产业而闻名。这座城市以其特色海鲜吸引着无数食客。

湛江的本色与底色是蓝色，它与海洋属性紧密相连。整个城市沿海而建，

先行南粤

经济发展依赖于海洋经济。湛江人民靠海吃海，凭借着海洋养殖业的支持，人们生活得更加富裕。水产业成为湛江海洋经济的支柱产业，涵盖了种苗、养殖、加工、流通等环节，形成了完整的产业链和供应链。年产值超过500亿元，创造了100多万个就业机会。湛江的水产业已经成为一张亮丽的名片，在全球范围内享有盛誉，并被国际认证机构SGS评为"全球水产采购基地"。

近年来，湛江水产业取得了巨大的成就。2010年，湛江被称为"中国海鲜美食之都"，同年获得了"中国对虾之都"的称号。2021年，湛江再次获得了"国字号"招牌，被授予"中国金鲳鱼之都"，湛江生蚝被授予"全国名特优新农产品"。湛江市也成为全国唯一拥有两家水产上市公司的地级市，其中包括粤海饲料和国联水产。此外，湛江还引入了智能养殖平台，如"海威1号"和"海威2号"，这些举措进一步推动了水产业的发展。

湛江水产业的辉煌得益于其得天独厚的海洋资源，以及活跃的水产民营企业集群。从全国来看，湛江水产市场的主体实力占有一席之地，甚至处于领先地位，民营经济成为湛江海洋渔业的重要组成部分。全市拥有两家水产上市公司、两家百万吨级水产饲料巨头，并且汇聚了多个虾苗龙头企业和水产加工企业。海洋牧场产业链也在湛江迅速发展，多家企业在该领域名列前茅。湛江的水产民营经济与水产产业相辅相成，展现出活跃的市场图景。

湛江正积极探索经略海洋的道路，以实现高质量发展和区域协调发展的目标。湛江提出了"三个千亿"发展目标，并将精准发力，打造全球水产产业高地，努力成为打造海上新广东战略的最大受益者。

湛江的未来充满了希望。随着科学的定位和发展策略，湛江有望解决区域发展不平衡的问题。作为一个拥有丰富海洋资源的城市，湛江将继续努力推动水产业的发展，为中国成为海洋强国作出更大的贡献。

四、激活三大动力[①]

激活改革动力，再造体制机制新优势；激活开放动力，再造发展空间新优势；激活创新动力，再造发展活力新优势。敢改敢试，积极开放，创新不息，"三大动力"是广东人的宝贵基因，是广东成功经验的提炼。

广东是改革开放的排头兵、先行地、试验区。2023年6月，广东印发《广东省优化营商环境三年行动方案（2023—2025年）》，支持企业上市和挂牌融资，对于以往营商环境改革中的"硬骨头"下大力气攻坚克难，推进改革。深圳改革开放成果尤其瞩目，综合改革试点成果不断。特别是2020年《深圳建设中国特色社会主义先行示范区综合改革试点实施方案（2020—2025年）》公布至今，深圳以综合改革试点为抓手，在要素市场化配置、营商环境优化、城市空间统筹利用等重点领域深化改革，取得一系列改革成效。

在深圳市政协召开的第七期"政情通报会"上，通报了"深化国际金融中心建设体制机制改革"、高质量滚动实施深圳综合改革试点等情况。数据显示，过去3年，深圳金融业年均增长8.3%，占GDP比重达15.9%。深圳创新启动"金融驿站"工程，2022年授信成功企业超4000家，线上线下累计对接新增授信规

[①] 参见《改革、开放、创新"三大动力"齐发威 再造一个新广东》，广东省人民政府侨务办公室网站，http://www.qb.gov.cn/jrqx/content/post_1074195.html。

先行南粤

模约 850 亿元，如今"金融驿站"已有 128 家。

在深圳的金融改革中，绿色金融突破明显。截至 2023 年一季度，深圳的绿色贷款余额超过 7400 亿元。深圳正把握历史机遇，进一步促进与香港金融市场的互联互通，推动国家扩大金融业对外开放措施在前海率先落地。

为了改善政府治理理念和方式，深圳将政务服务能力建设作为推动政府数字化转型、深化"放管服"改革和优化营商环境的重要抓手。2022 年开始铺开的深圳"全市域通办"就是其中一项重要举措，它在原有清单式、点对点的市内通办基础上前进了一大步。申请人只需登录广东政务服务网（深圳市），找到"全市域通办服务专区"，搜索需办理的事项，点击"办事指南"即可查看事项

深圳市貌

详情并进行网上申报。申请提交完毕后，系统还可根据申请人的当前位置，推送就近的支持通办业务的行政服务大厅。这项改革打破了事项办理地域、层级限制，推动了基层政务服务与群众需求"零距离"对接，不仅通办范围广，还可以通过"异地收件、属地受理""辅助申报""快递申报"，让申请人自主选择市内各级行政服务大厅办事，明显提高了市民和企业办事的便利度和获得感。

深圳综合改革实践在要素市场化方面已经取得突破。比如，在土地使用权登记转让、自然资源交易及监管机制、创业板改革并试点注册制落地、区域性国资国企综改试验等领域效果显著。深交所创业板注册制改革以来，新增上市公司和融资总额再创新高，深圳国资国企2022年资产总额突破5万亿元。营商环境方面，深圳率先出台优化营商环境条例及放宽市场准入相关制度，率先试点实施新型知识产权法律保护、破产制度改革等，推动营造了市场化、法治化和国际化的营商环境。《深圳市原创性引领性科技攻关项目经理人制改革方案》为深圳加快解决了制约产业发展的"卡脖子"问题，提升了科技产业源头创新能力。

2023年11月16日，国家发展改革委等部门发布《关于再次推广借鉴深圳综合改革试点创新举措和典型经验的通知》，对深圳综合改革试点22条经验进行全国推广。改革已逐渐成为深圳的常态，成为深圳人的工作方法、工作态度。

自贸区对标国际规则深化改革。自贸区建设是近年来广东大胆深化改革的缩影。2023年是中国（广东）自由贸易试验区（以下简称广东自贸试验区）成立8周年。广东自贸试验区对标国际高标准规则，深化"放管服"改革，在企业准入方面实施全国最短外资负面清单和全国首创商事登记注册制；在企业准营方面实施"一网通办""证照分离""交地即开工""无证明自贸区"等创新举措；在服务企业方面建立了覆盖面广、含金量高的产业和人才政策，落地企业和个人"双15%"所得税优惠政策和高效便利的跨境税收服务，构建了国际一流的营商环境。

先行南粤

广东自贸试验区在全国率先开展跨境资金池、跨境资产转让、股权投资基金跨境投资、跨境贸易投资高水平开放等投融资改革试点，建立自由贸易（FT）账户体系。截至 2022 年，累计新增金融机构 5.5 万家，其中，持牌金融机构 245 家；跨境双向人民币资金池结算量占全省的 1/4，跨境人民币结算金额占全省的 1/7，累计办理 FT 账户资金业务超 2 万亿元。

目前，广东自贸试验区已累计形成 696 项制度创新成果，在全省复制推广 216 项改革创新经验，发布 301 个制度创新案例。广州市南沙区构建"一件事"审批服务体系案例，对个人从出生到养老、企业从开办到注销的 141 项集成服务事项实现网上"一次办"。南沙保护中小投资者的法律服务案例，建立涉中小投资者案件调解"绿色通道"，做到立即办、就近办、精准办。深圳前海蛇口自贸片区在跨境商事法律规则衔接机制上，实现域外法适用更自主、诉讼程序更简化，与香港商事法律规则衔接更包容。通过深化投资便利化改革，前海市场化、法治化、国际化营商环境实现新突破。在 CEPA 框架下，前海现有港资企业近 1 万家，注册资本超过 1 万亿元，至 2023 年累计实际使用外资 349.79 亿美元。

开放是广东的鲜明特质。作为特区，近年来深圳积极"走出去"拓展海外市场、更大力度面向全球招商引资、持续优化营商环境释放"强磁力""朋友圈"不断扩容。

古代海上丝绸之路起点之一的广州，在不久前迎来一场盛会——2023 广东 21 世纪海上丝绸之路国际博览会。海丝博览会在深化区域合作、密切广东与"一带一路"沿线经贸往来、促进沿线各国人文交流等方面取得不少成果。数据显示，这届海丝博览会吸引了 1000 多家企业参展，精准邀约 2 万多名采购商到会进行供需配对，达成成交近 20 亿元。近年来，深圳出台《深圳经济特区外商投资条例》《深圳市鼓励跨国公司设立总部企业办法》等一系列外资政策，加快打造市场化、法治化、国际化一流营商环境，持续增强外资吸引力。

第六章 在推进中国式现代化建设中走在前列

2023年4月至5月，第133届中国进出口商品交易会（广交会）再现万商云集景象。新冠疫情以来，首次全面恢复线下举办的广交会交出了一份亮眼的"成绩单"：累计进馆人数超290万人次，现场出口成交216.9亿美元，展览面积和参展企业数量均创历史新高。2023年4月18日，第九届中国广州国际投资年会暨福布斯中国创投高峰论坛在广州举行。本届投资年会吸引了来自19个国家和地区的96家世界500强企业、64家央企、64家投资机构、8家全球独角兽企业和各行业领军企业的高层代表和创新创业人士，以及47位外国驻穗总领馆代表。本届投资年会签约项目共443个，来自美国、法国、德国、日本、韩国等10多个国家和地区，涉及先进制造业、新一代信息技术、现代商贸、新能源等战略性新兴产业，其中，制造业项目172个，占总项目数约四成。3月底，"投资中国年"广东专场推介活动也在广州举行，活动促成多个项目签约，投资总额达到905亿元，其中，47个为制造业项目，占总项目数比重超过六成。

2023年11月8日在深圳举办2023粤港澳大湾区全球招商大会，投资贸易项目859个，涵盖半导体（芯片、集成电路等）、新能源设备、电子产品、机械产品、化工产品、金属加工、食品、印刷、生物医药等领域，总金额超2.24万亿元。其中，26个重大投资项目现场签约，投资金额803亿元。大会吸引了来自日本、韩国、沙特、美国、英国、德国、法国等20多个国家及地区的世界500强企业、专业机构及商协会代表等参加了本次大会。

创新是引领发展的第一动力。广东区域创新综合能力连续6年位居全国第一；"深圳—香港—广州科技集群"创新指数连续3年位居全球第二……近年来，广东坚持把创新作为引领发展的第一动力，以全球视野谋划和推动科技工作。2022年，广东全省研发经费投入达到4200亿元，研发投入强度达到3.26%，高新技术企业数量增加到6.9万家，研发投入、研发人员、高新技术企业量、发明专利有效量、PCT国际专利申请量等主要科技指标均居全国首位。

《中共中央 国务院关于支持深圳建设中国特色社会主义先行示范区的意

见》提出要推动深圳在科技创新治理体系上率先破题，率先建成国际化创新型城市和具有国际竞争力的创新创业创意之都。如今深圳正坚定实施创新驱动发展战略，全面加强党对科技创新的领导，以科技创新驱动高质量发展为主线，以深化科技体制改革和健全科技创新治理体系为突破口，以集聚全球创新要素和增强原始创新能力为主攻方向，以创新引领超大型城市可持续发展为主题，打造粤港澳大湾区高质量发展核心引擎。深圳市坚持把创新作为城市高质量发展的主动能、核心动能，强化企业科技创新主体地位，坚持将不低于30%的市级科技研发资金投向基础研究，推动创新链产业链资金链人才链深度融合，全方位打造创新之城，加快建设具有全球重要影响力的产业科技创新中心。第五批国家专精特新"小巨人"企业公示名单出炉，深圳新增数量居全国第一，总量743家、居全国第二。目前，深圳全市国家高新技术企业数量已突破2.3万家。光明科学城布局24个重大创新载体，其中包括9个重大科技基础设施，这些基础设施作为共享科研平台，能为深圳乃至全国的基础研究助力，助力技术攻关。热火朝天的光明科学城迸发出创新创业的激情，是深圳科技创新发展的一个缩影，是深圳市全面深入实施科教兴国战略、人才强国战略、创新驱动发展战略的重大创新平台。

多年来，深圳以开放的姿态和宽广的胸怀广聚天下英才。深圳已有全职院士86人，高层次人才2.2万人，各类人才总量超662万人。科技创新塑造深圳高质量发展新动能，是深圳经济长期向好稳健发展的关键动力。深圳正推动重大创新平台产出更多引领性成果，加快建设综合性国家科学中心，推动创新链产业链资金链人才链深度融合，不断推出新技术、新产品、新业态、新模式，加快建设具有全球重要影响力的科技创新中心。深圳以国家自主创新示范区为主要载体，加快建设重大科技创新平台和载体，集聚全球高端创新资源，力争形成世界一流的科技创新能力，为新时代国家创新型城市建设树立标杆。同时以系统推进全面创新改革试验为统领，完善科技创新法律法规和政策，深化科

第六章　在推进中国式现代化建设中走在前列

深圳湾 CBD 人才公园

技体制改革，建设科技创新治理样板区。

动力源自改革、源自开放、源自创新，"三大动力"是广东人的宝贵基因，是广东成功经验的提炼，也是未来高质量发展征程上的圭臬。我们有充分的理由相信，奋进新征程，广东激活改革、开放、创新"三大动力"，将再造新征程上广东现代化建设关键新优势。

后　记

中国式现代化是中国共产党人经过百年探索和实践团结带领中国人民走出的现代化新道路，这条新道路不仅打破了"现代化等于西方化的迷思"，而且正在创造着人类文明新形态。广东，是引领中国式现代化的实践样板，透过广东现代化的发展和成就可以管窥中国式现代化的整体样貌。本书是对广东现代化的初步总结，聚焦于党的十八大以来的新时代的10年，广东现代化发生的巨大变革。

本书是广东省社会科学研究基地中共广东省委党校（广东行政学院）中国式现代化研究中心各位老师集体智慧的结晶。其中，周峰制定了全书大纲、负责统稿并撰写前言，第一章由曾东辰、阮玉春撰写，第二章、第三章由钮则圳撰写，第四章由陈琼珍撰写，第五章由谢东杰撰写，第六章由张笑扬、周峰撰写。研究生罗志慧、赵智晟、罗洋等参与了资料收集、文献查阅、文字校对等工作。

本书撰写过程中，得到了国家行政学院出版社领导和编辑同志的热情指导，也提供了大量资料，一并表示感谢。

由于编写者能力有限，差错在所难免，也请各位读者批评指正。

编者

2024年9月